KB247815

7가지 전략으로 배우는 일본어 문장 읽는 법

일본어 독해
7대 전략

저자 히토츠바시 유학생센터

SISAEdu®
(주)시사일본어사

　本書は、日本語の新聞を辞書なしで読むことがやや難しい、中級後半〜上級前半レベルの留学生のために書かれた文章読解のテキストです。とくに、経済学、法学などの社会科学を専門に学んでいる学生や、日本の社会や文化についてくわしく知りたい学生を対象にしています。

　本書には、二つの大きな特長があります。

　一つは、それぞれの課に「読解のストラテジー」というページがあり、そこで専門の文章（入門書や論文など）の読み方を学べるという点です。みなさんは、日本語の教科書の文章が読めるようになりたくて、日本語を勉強するのではないでしょう。大学の学部や大学院の研究科で、専門の文章を読めるようになりたくて、教科書の文章を読んでいるはずです。本書には、専門の文章が読めるようになるためのヒントとなるストラテジー（strategy：戦略）が書かれています。本書を読みおえた人は、本書で学んだ方法を活かして、次はぜひ専門の文章を読んでみてください。

　本書のもう一つの特長は、社会科学の各分野を広くカバーしているという点です。そのため、本書をくり返し勉強すれば、「経済学」「商学・経営学」「法学」「社会学」「国際関係学」など、社会科学のさまざまな分野について、基本となることばを一通り学ぶことができます。社会科学は、経済学だけ、あるいは法学だけ、知っていればよいというものではありません。専門についての深い知識と、社会に関する広い知識、その両方が必要です。その意味で本書は、社会科学の基本的な知識や用語を身につけるのによい教科書だと思います。

　本書は7課からできています。本書を日本語の授業の中で使う場合は、本文に1時間、練習に1時間、それぞれ必要です。本文ではまず文章を読み、問題を解く中で「読解のストラテジー」を学びます。そして、練習では、前の時間に勉強した「読解のストラテジー」を使って別の文章を読み、やや難しい、要約の問題にも挑戦してください。そうすれば、読むときのストラテジーが身につくだけでなく、社会科学の文章を書くトレーニングにもなるでしょう。

　本書がみなさんの日本語の勉強に役立つことを、執筆者一同、心から願っています。

2005年9月　一橋大学留学生センター

본 교재는 일본어 신문을 사전없이 읽는 것이 조금 어려운 중급 후반~상급 진반의 레벨인 유학생을 위해 쓰여진 문장독해 교재입니다. 특히 경제학, 법학 등의 사회과학을 전문으로 배우고 있는 학생이나 일본 사회나 문화에 대해 자세히 알고 싶은 학생을 대상으로 하고 있습니다.

본 교재에는 두 가지의 큰 특징이 있습니다.

하나는, 각 과에 '독해전략'이라는 코너기 있이 진문직인 글(입문서나 논문 등)의 읽는 법을 배울 수 있다는 점입니다. 여러분은 일본어 교재에 있는 글을 읽기 위해 일본어 공부를 한 것은 아니겠죠? 대학교의 학부나 대학원 연구과에서 전문적인 글을 읽을 수 있게 되기 위해 일본어를 배우고 있을 것입니다. 본 교재는 전문적인 글을 읽을 수 있게 되기 위한 힌트가 되는 전략이 실려 있습니다. 본 교재를 다 읽은 분은 본 교재에서 배운 방법을 살려서 전문적인 글을 읽어 보세요.

본 교재의 또 하나의 특징은 사회과학의 각 분야를 아우를 수 있다는 점입니다. 따라서 본 교재를 반복해서 공부하면 '경제학' '상학 · 경영학' '법학' '사회학' '국제 관계학' 등 사회과학의 다양한 분야의 기본단어를 전체적으로 공부할 수 있습니다. 사회과학은 경제학만 혹은 법학만 알고 있어서 되는 것은 아닙니다. 전문분야에 대한 깊이 있는 지식과 사회에 관한 넓은 지식이 필요합니다. 그런 의미에서 본 교재는 사회과학의 기본적인 지식이나 용어를 익힐 수 있는 좋은 교과서가 될 것입니다.

본 교재는 7과로 구성되어 있습니다. 본 교재를 일본어 수업에서 사용할 경우 본문에 1시간, 실천연습에 1시간이 각각 필요합니다. 본문에서는 우선 글을 읽고, 문제를 풀면서 '독해전략'을 공부합니다. 그리고 실천연습에서는 전 시간에 배운 '독해전략'을 이용해서 다른 글을 읽고 조금 어려운 요약문제에도 도전해 보세요. 그렇게 하면 어떻게 하면 전략적으로 글을 읽을 수 있는지를 익힐 수 있을 뿐만 아니라, 사회과학 분야의 글을 쓰는 트레이닝도 될 수 있습니다.

본 교재가 여러분의 일본어 공부에 일조할 수 있도록 저자일동 진심으로 바라는 바입니다.

2005년 9월 히토츠바시 유학생 센터

목차

何の話かをつかむ

무슨 이야기인지를 파악한다

　단어나 문법이 아무리 어렵다고 하더라도 무슨 이야기에 대해서 서술하고 있는 글인가를 알 수 있다면 쓰여진 내용을 이해할 수 있다. 그러나 이 '무슨 이야기인지' 를 이해한다는 것은 간단하지는 않다.

　이 과에서는 '무슨 이야기인지' 를 이해하기 어려운 글에 대해서, 키워드를 찾는 방법을 배움으로써 '무슨 이야기인지'를 간파하는 방법을 생각한다.

次の文章を読んで、設問に答えなさい。

(　　　　　　　　　　　　　　　　　　)

　動物についての紛争が裁判になることがある。動物にかまれたり襲われたりした人が、損害賠償を求めて飼い主を訴えるケースは多い。牛、ぶた、にわとりを飼育する施設の悪臭や騒音も、しばしばトラブルの原因となる。つまり、法の世界の動物たちは、「迷惑な存在」なのである。

　一方、動物は法的には財物の一種だから、所有することができるし、売買もできる。ここに人と動物の大きな違いがある。人は財物ではないから、所有の対象にならない。「わたしはあなたの物よ。」という言葉は、たとえ本気で言ったとしても、法的には無意味である。だから恋敵にとられた恋人を、裁判で取り戻すことはできない。しかし、盗まれたのが愛犬であれば、どろぼうになついていても、取り戻すことができる。ペットが他人の故意・過失が原因で死んでしまったら、飼い主は慰謝料を請求できる。かわいがっていたねこを犬にかみ殺されてしまった人が、犬の飼い主に慰謝料を請求し、認められた例が実際にある。

　ところで、日本の集合住宅には、管理規約のなかでペットを飼うことを全面禁止しているところがたくさんある。あるマンションの管理組合が、規約に違反して犬を飼っていた住民に対して、犬の飼育禁止を求める訴訟を起こしたことがある。被告（飼い主）は、そのような規約は無効だと主張して争ったが、原告（管理組合）が勝訴した。日本の裁判所は、規約違反の動物飼育者に厳しい態度をとったのである。

　最近、ペットを飼えることが「うたい文句」の分譲マンションも売り出されるようになってきた。いつかは「ペットといっしょに暮らす権利」が法的に認められるかもしれない。そうなれば、動物たちにとって、法の世界はもっと住みやすいものになるだろう。

（１）たくさん出てくることばを数え、多いほうから順に並べなさい。

（２）作ったリストのことばをいくつかのグループに分けなさい。

（３）この文章に題名をつけなさい。

（４）題名をつけるときに使ったことばが文章のどこにたくさん出ているか、調べなさい。

읽고 있는 글이 '무슨 이야기인지'를 파악하기 위해서는 **키워드**를 찾아내는 것이 중요하다. **키워드**를 찾기 위해서는 다음의 ①~④에 주목할 필요가 있다.

① **글 전체에 골고루 나오는 단어 :** 많이 등장하는 단어라도 글 전체에 걸쳐서 등장하는 단어가 일부에만 등장하는 단어보다 중요하다.

② **중요한 부분에 나오는 단어 :** 글의 일부에만 등장하는 단어인 경우, 글의 '맨 처음'(단순히 이야기의 계기인 경우에는 그 다음)과 '맨 마지막'(단순한 추가 사항인 경우에는 그 전)에 나오는 단어가 중요하다.

③ **연결관계가 있는 단어 :** 같은 단어가 아니더라도 비슷한 의미의 말을 이어가면 이야기의 흐름을 파악할 수 있는 경우가 많다.

④ **대비되는 단어 :** 비슷한 의미의 단어 뿐만 아니라, 반대의 의미를 가진 단어도 '무슨 이야기인지'를 이해하는데 도움이 되는 경우가 있다.

물론, 제목이 나와 있다면 제목도 참고가 된다. 그 경우에는 제목과 본문과의 관계를 의식하면서 읽으면 효과적이다.

앞문장과 뒷문장에서 관계있는 말에 밑줄을 그으시오.

（１）最近、労働者のストライキが増加している。都市部の工場では従業員が仕事をせず、デモ行進をくりかえしている。

（２）日本では、弁護士の数が増えるにつれて、裁判も増えてきた。昔なら話し合いで解決できたことも、今ではすぐ訴訟になる。

（３）その会社は、九州の工場で携帯電話を製造している。生産高は業界３位だそうだ。

（４）政府が新しい石油工場の建設に投資した。資本は国債でまかなった。

（５）21世紀に入り、アジアもようやく景気が回復してきた。あと5年もたてば、好況の時代に入ると思われる。

（６）グローバル経済が広がるにつれて、国家間の競争が激しくなっている。経済摩擦が政治問題に発展することも多い。

（７）今、発展途上国ではコンピュータの需要が高い。工場でいくら生産しても、供給が追いつかない。

（８）有機農法は、消費者に安全な食べ物を提供するだけではない。生産者の健康を守ることにもつながる。

次の文章を読んで、設問に答えなさい。

(   )

　世界で最も尊敬される企業と経営者は？　英国のフィナンシャル・タイムズ紙が毎年実施しているアンケートだ。世界の主要企業の経営者ら千人以上にインタビューしてまとめる。

　企業の1位は米国のゼネラル・エレクトリック（GE）、経営者はマイクロソフトのビル・ゲイツ氏だった。日本企業は5位にトヨタ、6位にソニーという常連のほか、日産が50位に入った。

　興味深いのは「尊敬される経営者」の方で、トヨタの奥田碩会長の6位に続いて、去年20位だった日産のカルロス・ゴーン社長が7位に入った。「たいへん革新的で攻撃的」という評のほか、特筆すべき点として多文化をくぐってきたことを指摘している。

　彼の自伝『ルネッサンス』（ダイヤモンド社）を読んでみても、確かに多文化経験をみごとに生かしていることに感心させられる。ブラジルに生まれ、レバノン、フランス、米国、日本と拠点を移してきた。来日時にも「文化衝突に手を焼くだろう」と多くの人から警告されたそうだ。

　確かに日仏の違いは大きい。彼はこう見る。たとえばフランス人は概念化が速くて明確だが、実行に時間をかける。日本人は概念化に手間取り、フランス人だったら髪をかきむしっていらだつところだが、実行段階では迅速、効率的だ。そんな違いを的確に把握しつつ、文化的相違は「革新」をもたらすというのが彼の信念だ。

　一見マイナスに見えることをプラスにしてしまう。このゴーン流の「肯定能力」は企業経営にかぎらず、さまざまな場で必要とされる資質だろう。

（『朝日新聞』2003年1月23日朝刊「天声人語」）

（１） この文章に多く出てくる五つの語（「企業」「経営者」「ゴーン」「文化」「革新」）、
　　　 またはそれに似た意味の語をチェックし、その語が文章のどのあたりによく出て
　　　 くるか調べ、以下の表に出てきた数を入れなさい。

	1段落	2段落	3段落	4段落	5段落	6段落
企業						
経営者						
ゴーン						
文化						
革新						

（２） この文章に題名をつけなさい。

（３） この文章を200字程度で要約しなさい。
　　　 (먼저 메모지에 정리한 후, 뒷 페이지 원고지에 써 봅시다.)

紛争	ふんそう	분쟁
裁判	さいばん	재판
襲う	おそ・う	덮치다, 습격하다
損害賠償	そんがいばいしょう	손해배상
飼い主	か・い・ぬし	동물을 키우는 사람
訴える	うった・える	고소하다
飼育（する）	しいく	사육(하다)
施設	しせつ	시설
悪臭	あくしゅう	악취
騒音	そうおん	소음
迷惑な	めいわく・な	민폐인
財物	ざいぶつ	재물
対象	たいしょう	대상
恋敵	こいがたき	사랑의 경쟁상대
故意	こい	고의
過失	かしつ	과실
慰謝料	いしゃりょう	위자료
請求（する）	せいきゅう	청구(하다)
認める	みと・める	인정하다
実際に	じっさい・に	실제로
集合住宅	しゅうごうじゅうたく	공동주택
管理規約	かんりきやく	관리규약
全面禁止	ぜんめんきんし	전면금지
訴訟	そしょう	소송

□ 被告	ひこく	피고
□ 無効	むこう	무효
□ 主張 (する)	しゅちょう	주장(하다)
□ 原告	げんこく	원고
□ 勝訴 (する)	しょうそ	승소(하다)
□ 態度	たいど	태도
□ 分譲	ぶんじょう	분양

□ 最も	もっと・も	가장
□ 尊敬（する）	そんけい	존경(하다)
□ 実施（する）	じっし	실시(하다)
□ 主要	しゅよう	주요
□ 常連	じょうれん	단골
□ 奥田碩	おくだ・ひろし（人名）	
□ 革新的	かくしんてき	혁신적
□ 攻撃的	こうげきてき	공격적
□ 特筆（する）	とくひつ	특필(하다)
□ 指摘（する）	してき	지적(하다)
□ 自伝	じでん	자전
□ 拠点	きょてん	거점
□ 衝突	しょうとつ	충돌
□ 警告（する）	けいこく	경고(하다)
□ 概念、	がいねん	개념
□ 手間取る	てまど・る	시간이 걸리다
□ かきむしる		쥐어뜯다
□ 迅速	じんそく	신속
□ 的確に	てきかく・に	적확하게
□ 把握（する）	はあく	파악(하다)
□ 相違	そうい	상이
□ 信念	しんねん	신념
□ 一見	いっけん	얼핏
□ 肯定	こうてい	긍정
□ 資質	ししつ	자질

何が問題になっているかをつかむ

무엇이 문제가 되고 있는지를 파악한다

제1과에서는 '무슨 이야기인지'를 간파하는 연습을 했다. 그 다음에 생각해야 하는 것은 그 글 전체에서 '무엇이 문제가 되고 있는지'이다. 다시 말하면 글 전체의 '물음'을 파악하는 것이다. 글 전체의 '물음'을 파악하고 나면, 그 다음의 글의 본론은 '물음'에 대한 '대답'으로서 읽어갈 수 있게 된다.

이번 과에서는 글의 '물음'이 어떤 형태로 글에서 표현되고 있는지를 알아보고, 그 '물음'을 파악하는 연습을 한다.

次の文章を読んで、設問に答えなさい。

(　　　　　　　　　　　　　　　　　　　　　　　　　　)

　もともと高齢化とは人の寿命が伸びることであり、それ自体は悪いことではないが、先進国の場合、生まれる子どもの数が減るという「少子化」が「高齢化」と同時に進み、それを問題視する人が多い。特に日本ではこの「少子高齢化」が急速に進んでいる。

　「このまま進むと、社会全体の中で、労働可能年齢（10代後半から60歳まで）の人達の割合がどんどん減り続ける。その時、減り続ける労働人口で社会全体を経済的に支えることはできなくなる」と多くの人が主張する。年金問題も年金システムを支える労働者が相対的に減ることから起こる。

　だが、日本の労働人口は本当に急減し、経済が成り立たなくなるのだろうか。この問題を次の4点について考えてみよう。

　　1．高齢者の就業率

　　2．女性の就業率

　　3．外国人労働者の数

　　4．労働生産性

　60歳以上の高齢者の就業率は現在あまり高くないが、実際には元気で十分働ける高齢者は多い。「若い頃のように週40時間働くのはたいへんだろうが、週20時間程度なら70歳ぐらいまで働きたい」と多くの高齢者が言う。それが実現すれば高齢者の就業率はかなり高くなり、社会の高齢化で労働人口はそれほど減らないかもしれない。

　では女性の就業率はどうか。現在の日本社会では女性が子育てをしながら働き続けるのはむずかしい。そのため、子どもを生むのをやめるか仕事をやめる女性が多い。子育てをしながら働ける環境が整えば、女性の就業率はずっと高まるし、同時に出生率も高まるかもしれない。

また、日本は外国人労働者の比率が他の先進国と比べてきわめて低い。これから外国人労働者が増えれば労働人口の減少はおさえられる。

　さらに、技術革新によって、これからも労働生産性が高まる可能性は高く、現在ほど労働力は必要でなくなるだろう。

　以上のことから、高齢者や女性の就業率を高めるための社会システムを作ったり、外国人労働者を受け入れたりすれば、少子高齢化が進んでも大きな労働力不足は起こらないと予想される。

질문

（1）この文章に題名をつけなさい。

（2）どこまでが序論（文章の始めにあって、「何の話か」について書いているところ）
　　　で、どこからが本論（序論の次にあって、その文章で「何が問題になっているか」
　　　くわしく述べているところ）か、考えなさい。

（3）文章全体の「問い」を表す文を１文選びなさい。

글 전체에서 '무엇이 문제가 되고 있는지'를 이해하기 위해서는 글 전체의 내용과 관련된 '물음'을 나타내는 **논점표시문**을 파악하는 것이 중요하다.

① **논점표시문은 서론 뒤에 옴 :** 논점표시문은 일반적으로 '무슨 이야기인지'를 설명하는 서론이 끝난 직후에 온다.

② **논점표시문은 의문문, 또는 의문이 들게 하는 문장 :**

- **Yes-No 의문문 :** (예)日本人は果たして江戸時代からそんなに長時間働いていたのだろうか。 일본인들은 에도시대부터 과연 그렇게 오랜 시간 일을 했었을까?

- **Wh의문문 :** (예)新聞というメディアは、明治時代にどのように発展したのだろうか。 신문이라는 미디어는 메이지 시대에 어떻게 발전한 것일까?

- **의지·희망을 나타내는 문장 :** (예)ここでは、たたみが日本文化に与えた影響について考えて { みたい／みよう }。 여기서는 다다미가 일본문화에 끼친 영향에 대해 생각해 { 보고자 한다／보자 }. (「たたみが日本文化にどのような影響を与えたか 다다미가 일본문화에 어떠한 영향을 끼쳤는가?」와 같이 의문문으로 대체가능)

- **존재를 나타내는 문장 :** (예)日本のいなかで環境破壊が進んだ理由は、大きく分けて三つある。 일본의 도시 지역 이외의 지역에서 환경파괴가 진행된 이유는 크게 세 가지로 나누어 볼수 있다. (「どうして日本のいなかで環境破壊が進んだか 왜 일본의 도시지역 이외의 지역에서 환경파괴가 진행되었는가?」와 같이 의문문으로 대체가능)

- **역접을 나타내는 문장 :** (예)交通事故を防ぐ技術は急速に進歩した。しかし、交通事故による被害はいまだになくならない。 교통사고를 방지하는 기술은 급속하게 발전했다. 하지만, 교통사고에 의한 피해는 여전히 사라지지 않고 있다. (「どうして被害がいまだになくならないのか 왜 피해가 여전히 사라지지 않는 걸까?」 독자들은 궁금해진다)

①, ② 의 조건을 만족시켰더라도 글 전체의 '물음'을 나타내고 있지 않다면 '논점표시문'이 될 수 없다. 다시 말해서 바로 답할 수 있는 '물음'은 '논점표시문'이 아닌 것이다. '물음'에 대한 '대답'이 글 전체에서 자세히 설명되어 있는 것이 '논점표시문'이다.

다음 α, β 중 어느 쪽이 논점표시문이 되기 쉬울까? 논점표시문이 되기 쉬운 쪽을 고르시오.

（1） α そうすれば、日本の政治が今後変わる可能性も十分にあるのではなかろか。

　　 β それでは、日本の政治が大きく変わるときが今後来ることはあるのだろうか。

（2） α 宇宙開発に関連する科学技術は、一体どこまで進歩しうるものなのだろうか。

　　 β 宇宙開発に関連する科学技術は、予算さえあれば、どこまでも進歩するものなのではないだろうか。

（3） α 日本的経営には解決すべき課題が三つある。

　　 β いろいろな面で日本的経営には課題が見られた。

（4） α 市場経済は自由競争経済、つまり強い者がかならず勝つようにできている経済なのだから、問題が多い。

　　 β 市場経済は自由競争経済、つまり政府の支配を受けずに企業が自由に活動できる経済ではあるが、問題も多い。

（5） α （社会には守るべきルールがある。）ところが、政治の世界では、そのルールが守られていないのである。

　　 β （社会には守るべきルールがある。）ところで、政治の世界では、そのルールが守られていないのである。

（6） α ぜひ、私たちの社会を住みやすい社会にしていきたい。

　　 β 私たちの社会を住みやすい社会にする方法を考えてみたい。

（7） α 現在の大学教育がかかえている問題点をここで検討しよう。

　　 β 現在の大学教育がかかえている問題点はこうして明らかになった。

次の文章を読んで、設問に答えなさい。

(　　　　　　　　　　　　　　　　　　　　)

　国民審査とは、最高裁判所の裁判官が、その役目にふさわしいかどうか、国民の投票によって決めるもので、日本国憲法で定められている制度である。この国民審査の制度は何のためにあるのだろうか。

　欧米の近代憲法を手本にして作られた日本国憲法は、政治権力が集中しないように、三権分立の原則が採用されている。すなわち、国会と内閣と裁判所がたがいに独立した存在として、抑制しあい、バランスを保っている。このうち、国会に対しては、国民は直接選挙で選ぶことができる。内閣に対しては、そのメンバーを直接選挙で選ぶことはできないが、直接選挙で選んだ国会議員の投票によって、内閣の長である内閣総理大臣を選ぶことができる。裁判所の長である最高裁判所長官は、内閣によって指名され、その他の最高裁判所裁判官も内閣によって任命されるため、国民の意思が反映されにくい。したがって、最高裁判所の人事に対して国民が直接投票することで、国民の意思を司法に反映させることができるように、このような制度が設けられたと考えられる。

　国民審査は、最高裁判所の裁判官になった者が、任命後最初に行われる衆議院議員の総選挙のときに国民の直接投票によって審査を受けるというものである。この国民審査は、以後10年を経過するごとに行われる。しかし、国民審査の方法にはいくつかの問題点があるように思われる。

　国民審査の投票では、この制度がリコール制度であることを考え、信任しない裁判官には投票用紙のその裁判官のところに×を記入し、信任する裁判官には何も記入しないという方法が採られている。しかし、これでは白票が、すべて信任する投票と見なされるので、棄権の自由が奪われるし、信任、不信任が判断できないとき、その判断を保留することもできない。また、×だけを記入する方法そのものが日本人の精神性にあわない。現実に、日本国憲法が施行されて50年以上が経過して

いるが、その間、最高裁判所裁判官がリコールされたことは一度もなく、この制度そのものが、司法に対する民主的なコントロールが働いていないという意味で、適切に機能しているとは言いにくい。

　また、欧米に比べ、裁判が社会的に定着していない日本社会では、裁判官の信任、不信任を判断するのは、一般の国民にとって非常に難しいことである。したがって、裁判をいままで以上に国民に開かれたものにするために、国民審査の対象になる裁判官に関するすべての司法判断を、マスメディア、インターネットなどを通じて、一人一人の裁判官の「顔」が見えるような形で公表する必要がある。

질문

（１）　この文章に題名をつけなさい。

（２）　どこまでが序論で、どこからが本論か、考えなさい。

（３）　論点表示文を1文選び、その文を論点表示文と考えた理由を述べなさい。

（４）　この文章を200字程度で要約しなさい。

　　　（먼저 메모지에 정리한 후, 뒷 페이지 원고지에 써 봅시다.）

□ 高齢化	こうれいか	고령화
□ 寿命	じゅみょう	수명
□ 伸びる	の・びる	길어지다
□ 先進国	せんしんこく	선진국
□ 減る	へ・る	감소하다
□ 少子化	しょうしか	저출산화
□ 急速に	きゅうそく・に	급속하게
□ 年齢	ねんれい	연령
□ 支える	ささ・える	지탱하다
□ 主張（する）	しゅちょう	주장(하다)
□ 年金	ねんきん	연금
□ 相対的に	そうたいてき・に	상대적으로
□ 急減（する）	きゅうげん	급감(하다)
□ 就業率	しゅうぎょうりつ	취업률
□ 生産性	せいさんせい	생산성
□ 実際に	じっさい・に	실제로
□ 程度	ていど	정도
□ 実現（する）	じつげん	실현(하다)
□ 整う	ととの・う	조성되다
□ 出生率	しゅっしょうりつ	출생률
□ 比率	ひりつ	비율
□ 技術革新	ぎじゅつかくしん	기술혁신
□ 予想（する）	よそう	예상(하다)

□ 審査	しんさ	심사
□ 最高裁判所	さいこうさいばんしょ	대법원
□ 裁判官	さいばんかん	대법관
□ 役目	やくめ	역할
□ 投票	とうひょう	투표
□ 憲法	けんぽう	헌법
□ 定める	さだ・める	정하다
□ 三権分立	さんけんぶんりつ	삼권분립
□ 原則	げんそく	원칙
□ 採用（する）	さいよう	채용(하다)
□ 内閣	ないかく	내각
□ 抑制（する）	よくせい	억제(하다)
□ 選挙	せんきょ	선거
□ 国会議員	こっかいぎいん	국회의원
□ 内閣総理大臣	ないかくそうりだいじん	내각총리대신
□ 指名（する）	しめい	지명(하다)
□ 任命（する）	にんめい	임명(하다)
□ 意思	いし	의사
□ 反映（する）	はんえい	반영(하다)
□ 司法	しほう	사법
□ 設ける	もう・ける	만들다
□ 衆議院	しゅうぎいん	중의원
□ 経過（する）	けいか	경과(하다)
□ 信任（する）	しんにん	신임(하다)
□ 白票	はくひょう	백지표(기권표)

□ 棄権	きけん	기권
□ 奪う	うば・う	빼앗다
□ 保留（する）	ほりゅう	보류(하다)
□ 精神性	せいしんせい	정신성
□ 施行（する）	しこう	시행(하다)
□ 定着（する）	ていちゃく	정착(하다)
□ 対象	たいしょう	대상
□ 公表（する）	こうひょう	공표(하다)

言いたいことは
何かをつかむ

말하고 싶은 것이 무엇인지를 파악한다

　제2과에서 본 것처럼 글을 읽을 때 중요한 것은 '글 전체에서 무엇이 문제가 되고 있는지' 즉, 글 전체의 '물음'을 파악하는 것이다. 글 전체의 '물음'을 파악하고 나면, 그 다음엔 글의 본론을 '물음'에 대한 '대답'으로서 읽어갈 수 있게 된다.

　그렇게 읽어 가다 보면 마지막에 그 '대답'을 정리한 결론이 담겨 있는 문장이 나온다. 이번 과에서는 글 전체의 '물음'을 의식하면서, 결론이 되는 문장을 그냥 지나치지 않고 읽을 수 있는 연습을 한다.

次の文章を読んで、設問に答えなさい。

（　ことばに焼きつけられているもの　）

例1　　A：「病院に行ったんでしょ？　どんな先生だった？」
　　　　　B：「女医さんだったよ。」

例2　　働く女性の権利を守らなければならない。

　この例1、例2はごく一般的に使われるものだが、例1のBの発言や例2の文の中に、ことばを通して見えてくる日本社会の一側面がうかがわれる。

　「女性の医者」のことを「女医」と言う。では、「男性の医者」は何と言うのだろうか。実は、日本語には「男性の医者」を一単語で表す表現はないのである。

　「女性の医者」が「女医」ならば「男性の医者」は「男医」になるはずである。しかし、この表現は実際には使われない。

　同様に、例2の文の「働く女性」を「働く男性」にすることも、意味的には全く問題ではないはずであるにもかかわらず、実際にはそうした表現が使われることはない（「働く人」なら問題なく使える）。

　なぜこのようなことが起こるのであろうか。

　ここで、少し言語学の用語を使うことにしたい。使うのは「無標」と「有標」という概念である。無標というのは簡単に言えば「当たり前の場合」ということであり、有標というのは「特別な場合」ということである。

　ある概念に名前を付ける場合、当たり前の（無標の）場合には特別な名前を付けず、特別な（有標の）場合にだけ特に名前を付けるということがよく行われる。

　この、特別な場合にだけ何かをするというやり方はわれわれの日常生活でもよく観察されることである。一例を挙げてみよう。

　自動車を運転する場合、方向指示器で自分が向かう方向を他の車に示す。この場

合、指示器を使うのは右または左に曲がるときだけあって、直進するときには何も示さない。ブレーキを踏んだときや後退するときだけ表示が出るのも同じ理由による。つまり、直進したりブレーキを踏まないのが無標の場合であり、曲がったり後退したりブレーキを踏んだりするのは有標の場合なのである。

ここで、例1と例2の場合に戻って考えてみると、「男医」や「働く男性」という表現がなく、「女医」「働く女性」という表現があるのは、「女性の医者」「働く女性」という概念が「医者」「働く人」というカテゴリーの中で有標なものであるからだと考えることができる。言い換えると、「医者」や「働く人」という概念の無標の対象は「男性」であるため、「男性の医者」や「働く男性」という概念を表すためにことさら特別の表現を作る必要はないということである。

以上のようなことは「医者」や「働く人」という概念に関する日本社会の深層心理を反映しているものと考えられる。このように、ことばにはそれを使う社会が持っている価値観が反映されていることがよくある。

질문

（1）この文章を序論・本論・結論の3部に分けなさい。

（2）序論から本論に変わるきっかけを与えている文を、文章全体の中から選びなさい。

（3）この文章全体の結論を表している文を、文章全体の中から選びなさい。

（4）この文章のタイトル「ことばに焼きつけられているもの」は何か、説明しなさい。

'말하고 싶은 것이 무엇인지'를 이해하기 위해서는 글 전체의 '대답'을 정리해서 **결론표시문**을 찾는 것이 중요하다.

결론표시문의 특징

- 판단·주장을 나타내는 문장 : 金融危機が回避された以上、株価は今後安定に向かう { に ちがいない／ものと思われる／のではなかろうか }。

- 마무리하는 문장 : { このように／したがって } 学校の指導力が弱体化した今、家庭と 地域社会の協力が求められている { のである／ことになりそうだ }。

설명문의 전형적인 글의 구조

서론 본론을 이해하기 위해서 필요한 내용을 미리 설명하는 부분이다. 여기를 읽으면 '무슨 이야기인지'를 알 수 있다.

논점표시문 '무엇이 문제가 되고 있는지'를 나타내는 문장이다. 서론의 마지막 또는 본론의 첫 부분에 있으며, 글 전체의 '물음'을 나타낸다.

⇩

본론 '무엇이 문제가 되고 있는지'라는 논점표시문을 받아서 그 문제에 대한 구체적인 설명 이 이어지는 부분이다.

⇩

결론 본론의 구체적인 설명을 정리하고 '말하고 싶은 내용이 무엇인가?'를 말하는 부분이다.

결론표시문 '말하고 싶은 내용이 무엇인가?'를 나타내는 문장이다. 결론이 포함되어 있어 그 글 을 통해 필자가 말하고자 하는 것을 요약한 형태로 나타낸다.

구조를 예측하는 독해 : 독해에서 글 전체의 구조를 의식하고, 다음에 무엇이 나올 것인가를 의식해 서 기다리는 것이 중요하다.

- 서론 : '무슨 이야기인지' ⇨ '무엇이 문제가 되고 있는지'가 나올 것을 기다린다.
- 본론 : '무엇이 문제가 되고 있는지?' ⇨ '말하고 싶은 내용이 무엇인가?'가 나올 것을 기다린다.
- 결론 : '말하고 싶은 내용이 무잇인기?' ⇨ 글 전체를 통해 필자가 주장하고 싶은 내용을 잘 살 펴본다.

다음 α, β 중 어느 쪽이 결론에 맞을까? 맞다고 생각하는 쪽을 고르시오.

（1） α　批判する者を追い出す組織に未来はないのか。

　　　 β　批判する者を追い出す組織に未来はないのではないか。

（2） α　現在、草の根の市民運動を見なおす時期に来ているのだろうか。

　　　 β　現在、草の根の市民運動を見なおす時期に来ているのではなかろうか。

（3） α　金融庁も日銀の意見に耳を傾けるべきである。

　　　 β　金融庁も日銀の意見に耳を傾けたほうがよいかなと思う。

（4） α　男性が家事をするようになれば、女性の社会進出もより容易になるにちがいない。

　　　 β　男性が家事をするようになれば、女性の社会進出もより容易になるらしい。

（5） α　こんどのサミットでは、そうした問題が話し合われることになるそうだ。

　　　 β　こんどのサミットでは、そうした問題が話し合われることになりそうだ。

（6） α　携帯電話は今も進化し続けているのである。

　　　 β　携帯電話は今も進化し続けているからである。

（7） α　このように、ベンチャー企業への投資が進めば、経済も活性化するだろう。

　　　 β　この結果、ベンチャー企業への投資が進めば、経済も活性化するだろう。

（8） α　このため、小児科医を増やすためのシステムを早急に作る必要がある。

　　　 β　したがって、小児科医を増やすためのシステムを早急に作る必要がある。

次の文章を読んで、設問に答えなさい。

（　消費者の求めているもの　）

　高度経済成長期が終わるころまでに、生活に必要なものを一通り持つようになった日本の消費者は、バブル期に必要のないもの、高額なものを買う傾向にあった。しかし、バブル崩壊後、消費者がそうしたものを買わなくなったことによって、市場は完全な買い手市場になった。それに伴い、高度成長期の「いいものを、安く」に加え、「品数豊富なものの中から、手軽に」買えるようにしなければ、ものが売れなくなった。小売店は、ものを買わない消費者にいかに買わせるかについて、さまざまな方法を考えはじめている。

　高度成長期の日本の消費者を支えた商店街は、いろいろな店を回らなければならない不便さや、品数、価格の面から、あまり利用されなくなった。また、オイル・ショック後からバブル期までを支えた都市型のスーパーも、2004年末に産業再生機構の支援を受けることになったダイエーに代表されるように、郊外型の大型ディスカウント店に押され、売り上げを減らしている。大型ディスカウント店は地価の安い郊外にあることが多いため、その分、売り場面積も大きくすることができ、安い商品を品数豊富にそろえることができる。また、車会社の進展によって、大きな駐車場を持つこうした店に消費者が手軽に買いに行けるようになったことも大きい。

　コンビニエンス・ストアは、商品の値段は安くはないが、24時間営業という手軽さや、売れるものしか置かないという徹底した商品管理、コピーや銀行のATMといった提供されるサービスの豊富さによって店の数を急速に増やし、そのおかげでますます便利になっている。いまでは、ディスカウント・ストアとコンビニエンス・ストアをあわせたような、深夜営業をする大型量販店も増えている。深夜という時間は人間の判断力がにぶるため、必要のないものでも、安ければつい買ってしまう。ものがあふれた現代社会の中で、このような大型量販店は購買者のそうした心理をうまく利用している。

一方、高価な商品を品数豊富に取りそろえていたデパートも、2000年のそごうの倒産に代表されるように、衰退しはじめている。一部の高級ブランド品をのぞき、ブランド物でさえも、安くなければ売れなくなってきている。現在、郊外でアウトレット・モールが成功しているのは、メーカーが卸を通さずに、ブランド物を消費者に直接安く売っているからであろう。また、流通コストのかからない通信販売やインターネット・ショッピングも多く利用されるようになった。豊富なリストの中から自分の好きなものを、自宅で手軽に選ぶことができるからである。

　このように、現在、商品に関するさまざまな情報が市場にあふれており、消費者が商品を選ぶ目はますます厳しくなっている。小売店はそうした消費者にものを売るために、新たな方法を次々に考えだしている。消費者の買い物をめぐる状況は、近年急速に変化しているのである。

질문

（１）この文章を序論・本論・結論の3部に分けなさい。

（２）本論に変わるきっかけを与えている文を、文章全体の中から選びなさい。

（３）この文章全体の結論を表している文を、文章全体の中から選びなさい。

（４）この文章を200字程度で要約しなさい。

　　　(먼저 메모지에 정리한 후, 뒷 페이지 원고지에 써 봅시다.)

□ 側面	そくめん	측면
□ 実際に	じっさい・に	실제로
□ 同様に	どうよう・に	같이, 마찬가지로
□ 無標	むひょう	무표
□ 有標	ゆうひょう	유표
□ 概念	がいねん	개념
□ 日常	にちじょう	일상
□ 観察（する）	かんさつ	관찰(하다)
□ 挙げる	あ・げる	(예로서)들다
□ 方向指示器	ほうこうしじき	방향지시등
□ 後退（する）	こうたい	후퇴(하다)
□ 対象	たいしょう	대상
□ ことさら		일부러, 고의로
□ 深層心理	しんそうしんり	심층심리
□ 反映（する）	はんえい	반영(하다)

▫ 高額	こうがく	고액
▫ 傾向	けいこう	경향
▫ 崩壊	ほうかい	붕괴
▫ 伴う	ともな・う	함께가다, 동반하다
▫ 品数	しなかず	물품의 종류(수)
▫ 豊富	ほうふ	풍부
▫ 手軽に	てがる・に	간단하게, 손쉽게
▫ 支える	ささ・える	지탱하다
▫ 商店街	しょうてんがい	상점가
▫ 不便さ	ふべん・さ	불편함
▫ 産業再生機構	さんぎょうさいせいきこう	산업재생기구
▫ 支援	しえん	지원
▫ 郊外	こうがい	교외
▫ 減らす	へらす	줄이다
▫ 面積	めんせき	면적
▫ 駐車場	ちゅうしゃじょう	주차장
▫ 徹底（する）	てってい	철저(하다)
▫ 提供（する）	ていきょう	제공(하다)
▫ 急速に	きゅうそく・に	급속하게
▫ 量販店	りょうはんてん	대량판매점
▫ 購買者	こうばいしゃ	구매자
▫ 倒産	とうさん	도산
▫ 衰退（する）	すいたい	쇠퇴(하다)
▫ 卸	おろし	도매
▫ 流通	りゅうつう	유통

▫ 通信販売	つうしんはんばい	통신판매
▫ 状況	じょうきょう	상황

歴史を扱った文章を読む

역사를 다룬 글을 읽다

역사를 다룬 글은 일반 논문과는 다른 구성으로 되어 있다.

- 일반적인 논문은 서론·본론·결론으로 논리적인 구성을 취한다.
- 역사를 다룬 글은 시간 흐름에 따른 시간적 구성을 취한다.

이번 과에서는 시간경과와 인과관계라는 두 가지 점에 주목하면서 역사를 다룬 글을 읽는 연습을 한다.

次の文章を読んで、設問に答えなさい。

（　バブル経済　）

1970年代の2度の石油ショックの後、日本経済は、政府の積極的な経済財政政策でいち早く回復し、安定成長の時代へと入った。しかし、1985年、アメリカが、世界最大の債務国に転落したとき、時代は動き始めた。

双子の赤字を抱えるアメリカは、同年9月、プラザ合意の中で、アメリカの貿易赤字削減のための国際協調政策を先進各国（日、独、仏、英）に依頼。日本はその政策を実現するために、金融緩和政策を強く進め、1ドル200円前後だった為替レートが、120円前後へと円高が急速に進んだ。

インフレを防ぐには、中央銀行が金利（公定歩合）を引き上げることが必要だが、日本銀行は低金利政策を続け、公定歩合は2.5％にまで下げられた。急速な円高によって生まれた国内不況を回復させようとしたからである。その結果、景気は一時的に回復へ向かい、インフレは急激に進んだ。ベルリンの壁が崩壊した1989年には、東京証券取引所で株価が最高値を記録した。しかし、そこからバブル崩壊が始まった。

バブル崩壊が始まる直前の1989年5月まで、2年3か月も低金利政策が続いた結果、貨幣の供給量は飛躍的に増大し、過剰流動性が生まれた。こうした過剰流動性は、本来なら、物価に反映されるべきものだが、円高や原油価格の低下から物価は上がらず、過剰流動性は株式や土地などの資産に集中した。財テクということばが流行し、国内での投機熱が高まり、企業も個人もこうした資産を買いあさった。その結果、1956年から1986年までに、消費者物価の4倍弱に対し、土地は50倍に値上がりした。

バブル崩壊後、土地に関係する不動産会社や建設会社に貸し出した資金が焦げ付き、銀行は多額の不良債権を抱え込むことになった。今まで倒産することがないと思われていた金融機関が相次いで破綻し、残った金融機関も貸し出した資金が焦げ

付くことを恐れて、極端な貸し渋りに走った。その後、日本は長い不況の時代に入ることになる。

（１）「金融機関の破綻」「インフレの急速な進行」「石油ショック」「バブル崩壊」「プラザ合意」「円高の急速な進行」「金融緩和政策」「安定成長」「低金利政策の継続」を時代順に並べなさい。

（２）なぜバブル経済になったか、説明しなさい。

（３）バブル経済が崩壊した後、金融機関と日本経済がどうなったか、述べなさい。

역사를 다룬 글에서는 역사가 크게 움직이게 된 계기가 됐던 문장이 제시되는 경우는 있지만, 논문처럼 '무엇이 문제로 되어 있는지?'를 나타내는 논점표시문이 제시되는 일은 별로 없다. 그렇기 때문에 독자는 읽고 있는 글이 역사적인 글이라는 사실을 알아챈 시점에서 시간의 흐름을 의식한 일반 논문과는 다른 방법으로 읽을 필요가 생긴다. 그 때 이하 ①, ②에 주목할 필요가 있다.

① **사건의 전후관계 :** 글에 나오는 사건의 순서를 중시함과 동시에 「同年 같은 해」「前年 전 해」「翌年 다음 해」「1989年 1989년」 등, 시간을 나타내는 말을 빠짐없이 확인하여 사건의 전후관계를 이해한다.

(예) 戦争に敗れた日本は1945年に無条件降伏し、翌年、象徴天皇制、国民主権を柱とする日本国憲法が制定された。 전쟁에 패한 일본은 1945년에 무조건 항복을 선언하였고, 다음 해 상징천황제, 국민주권으로 대표되는 일본국헌법이 제정되었다.

② **사건의 인과관계 :** 「その結果 그 결과」「そのため 그로 인해」「それによって 그것에 의해」「からである 때문이다」 등이다. 「何が原因でどのような事件が起こったのか 무엇이 원인이고, 어떠한 사건이 일어났는가?」「その事件が起こった結果、どのような影響が及んだのか 그 사건이 일어난 결과, 어떤 영향이 생겼는가?」 와 같이 사건간의 인과관계를 의식한다.

(예) 日本は戦後急速に核家族化が進行した。その結果、成人した子どもたちは年老いた両親と一緒に住むことが少なくなり、老人だけで住む世帯が都市部でも郊外でも目立つようになった。 일본은 전후 급속하게 핵가족화가 진행되었다. 그 결과 성인이 된 아이들은 나이가 든 부모님과 함께 사는 경우가 적어지고 노인끼리만 사는 세대가 도심에서도 교외에서도 눈에 띄게 되었다.

[　　　　　]에 들어갈 알맞은 어휘를 아래의 ▢ 안에서 고르시오. 같은 어휘를 두 번 이상 사용하지 마시오.

（1）［　　　　　］、橋を建設するための費用は10億円と見られていた。しかし、実際に作ってみると、その倍の20億円もかかってしまった。

（2）終戦［　　　　　］、東京は焼け野原で何もなかった。

（3）以前残業の多かったこの会社も社員に残業をさせないようにした。［　　　　　］、仕事の能率が上がり、人件費も5％の節約になった。

（4）前の会社は初代の社長が始めた。［　　　　　］、合併し、今の名前になった。

（5）政府は消費税の増税を発表した。国民の反発が予想されるが、それと［　　　　　］に所得税の減税を行うことによって、国民の理解を得る方針だ。

（6）JRは現在は民営化されているが、［　　　　　］、国鉄という国有の鉄道だった。

（7）介護保険制度は導入した当時、大きな混乱を引き起こした。［　　　　　］、政府の方針が何度も変わったからである。

（8）そのソフト会社は創業当時、従業員は1人だけだった。しかし、パソコンの普及とともに仕事が増え、2005年［　　　　　］、その会社では100人の従業員が働いている。

かつては　現在　当初　直後　同時　その結果　その後　というのは

次の文章を読んで、設問に答えなさい。

（　　もはや戦後ではない　　）

　日本は1945年（昭和20年）8月15日にポツダム宣言を受諾し、アメリカ中心の連合国軍に占領された。連合国軍総司令部（GHQ）の最高司令官はマッカーサーであった。GHQは様々な経済政策を行ったが、その中で特に重要なのは財閥解体と農地改革である。

　財閥解体は戦前の日本経済で大きな位置を占めていた三井、三菱、住友などの財閥を解体し、経済の自由化を行うためのものであった。一方、農地改革は地主の土地の一部を強制的に買い取り、敗戦まで苦しい生活を強いられてきた小作農に与える政策であり、いずれも日本の民主化にとって重要な意味を持っていた。ただし、後者については、結果的に大量の零細農家を作り出し、農業の生産性を低くしたという問題点も指摘されている。

　日本経済は戦争で壊滅的な状態になり、戦後は高いインフレ率に悩まされていた。その対策として、1949年に来日したドッジは強力な緊縮財政政策であるドッジ・ラインを敷き（このとき円の対ドルレートは1ドル＝360円と決められた）、そのため、日本経済は一気にデフレになった。こうして深刻な不況に陥った日本経済を「救った」のは50年に起こった、韓国（大韓民国）と北朝鮮（朝鮮民主主義人民共和国）の間で起こった朝鮮戦争による特需（朝鮮特需）である。これにより、日本経済は一気に好況になった。

　戦中・戦後の物不足の中で生産を確保するために、日本経済は国家が生産を統制する計画経済になっていた。そうした「ぬるま湯」的体質を改め、効率を重視する市場経済に日本経済を連れ戻すことがドッジ・ラインの真の目的であったと考えられている。

　こうした状況の中で日本の再独立に関する交渉が進められ、1951年に日本はサンフランシスコ講和条約を結び、6年ぶりに完全な独立を回復した。それと同時に、日

米安全保障条約（日米安保）も結ばれ、現在まで続く日本とアメリカの同盟関係が始まった。

　1955年（昭和30年）には国民一人あたりのGNP（国民総生産）が戦前の水準に達した。これは日本経済が戦争からの復興の時期を過ぎたことを表していた。そのため、翌1956年の『経済白書』は、今後は特需などに頼らない、技術革新などによる自立的な経済発展が必要であるとして、「もはや＜戦後＞ではない」ということばをのせている。日本経済はこのあと1973年の第1次石油危機のころまで高度経済成長を続けていくことになる。

質問

（1）「ドッジ・ライン」「もはや＜戦後＞ではない」「ポツダム宣言の受諾」「サンフランシスコ講和条約」「高度経済成長」「財閥解体」「GNPの戦前の水準への回復」「特需」「デフレによる不況」を時代順に並べなさい。

（2）なぜドッジ・ラインが敷かれたか、理由を二つ挙げなさい。

（3）「もはや＜戦後＞ではない」は何を意味しているか、考えなさい。

（4）この文章を200字程度で要約しなさい。

　　　(먼저 메모지에 정리한 후, 뒷 페이지 원고지에 써 봅시다.)

□ 債務国	さいむこく	채무국
□ 転落（する）	てんらく	전락(하다)
□ 双子の赤字	ふたご・の・あかじ	쌍둥이 적자
□ 削減	さくげん	삭감
□ 協調	きょうちょう	협조
□ 依頼	いらい	의뢰
□ 実現（する）	じつげん	실현(하다)
□ 金融	きんゆう	금융
□ 緩和	かんわ	완화
□ 為替	かわせ	환전
□ 急速に	きゅうそく・に	급속하게
□ 防ぐ	ふせ・ぐ	막다
□ 公定歩合	こうていぶあい	공정이율
□ 不況	ふきょう	불황
□ 回復（する）	かいふく	회복(하다)
□ 急激に	きゅうげき・に	급격하게
□ 崩壊（する）	ほうかい	붕괴(하다)
□ 証券	しょうけん	증권
□ 株価	かぶか	주가
□ 貨幣	かへい	화폐
□ 飛躍的に	ひやくてき・に	비약적으로
□ 過剰流動性	かじょうりゅうどうせい	과잉유동성
□ 反映（する）	はんえい	반영(하다)
□ 投機	とうき	투기

▫ 焦げ付く	こ・げ・つ・く	회수 불가능하다
▫ 不良債権	ふりょうさいけん	불량채권
▫ 倒産（する)	とうさん	도산(하다)
▫ 極端な	きょくたん・な	극단적인
▫ 貸し渋り	か・し・しぶ・り	신용규제

☐ ポツダム宣言	ポツダムせんげん	포츠담 선언
☐ 受諾	じゅだく	수락
☐ 占領（する）	せんりょう	점령(하다)
☐ 連合国軍総司令部	れんごうこくぐん そうしれいぶ	연합국군총사령부
☐ 最高司令官	さいこうしれいかん	최고 사령관
☐ 財閥	ざいばつ	재벌
☐ 地主	じぬし	지주
☐ 強制的に	きょうせいてき・に	강제적으로
☐ 小作農	こさくのう	소작농
☐ 零細	れいさい	영세
☐ 生産性	せいさんせい	생산성
☐ 指摘（する）	してき	지적(하다)
☐ 壊滅的な	かいめつてき・な	괴멸적인
☐ 悩む	なや・む	고민하다
☐ 緊縮	きんしゅく	긴축
☐ 敷く	し・く	마련하다
☐ 不況	ふきょう	불황
☐ 陥る	おちい・る	빠지다
☐ 救う	すく・う	구하다
☐ 大韓民国	だいかんみんこく	대한민국
☐ 朝鮮民主主義 人民共和国	ちょうせんみんしゅしゅぎ じん みんきょうわこく	조선민주주의 인민공화국
☐ 特需	とくじゅ	특별수요
☐ 好況	こうきょう	호황

□ 統制（する）	とうせい	통제(하다)
□ ぬるま湯	ぬるま・ゆ	안일함
□ 状況	じょうきょう	상황
□ 交渉	こうしょう	교섭
□ サンフランシスコ 講和条約	サンフランシスコ こうわじょうやく	샌프란시스코강화조약
□ 回復（する）	かいふく	회복(하다)
□ 日米安全保障条約	にちべいあんぜん ほしょうじょうやく	미일안전보장조약
□ 同盟	どうめい	동맹
□ 復興	ふっこう	부흥
□ 白書	はくしょ	백서
□ 技術革新	ぎじゅつかくしん	기술혁신
□ 自立的な	じりつてき・な	자립적인

MEMO

二項対立を見ぬく

이항대립을 간파한다

　이항대립의 글이란, 글 전체가 두 입장의 대립에서 생긴 글을 말한다. 두 입장의 대립은 어떤 일에 대한 '찬성' '반대'에서 생기므로, 독자로서는 이 두 개를 혼동하지 않도록 읽을 필요가 있다.

　이번 과에서는 어디까지가 찬성의견이고 어디까지가 반대의견인지, 확실하게 구별하면서 읽는 연습을 한다.

次の文章を読んで、設問に答えなさい。

（　死刑制度廃止論　）

アムネスティというNGOによると、1997年3月の時点で死刑を廃止した国は100カ国、死刑を廃止していない国は94カ国あるそうである。死刑廃止は世界的傾向だが、日本には死刑制度がある。そして、死刑制度を「存置」すべきだと考えている人（存置論者）と「廃止」すべきだと考えている人（廃止論者）がいる。

死刑存置論者は、まず、被害者の気持ちを考える。人は自分の子供が殺されたら、犯人を殺したいと思うはずである。次に、存置論者は死刑があるから犯罪を抑えることができると言う。これを犯罪抑止力と言う。

しかし、廃止論者は死刑には犯罪抑止力はないと主張する。日本の調査によれば、犯罪を犯す時に、自分が死刑になるだろうと考えた死刑囚はほとんどいなかったということである。また、アメリカには死刑制度がある州とない州があるが、死刑制度と重大な犯罪の発生件数には相関関係がないという調査結果も出ているらしい。

また、死刑廃止論者は「殺人を罪とする国家が、死刑という殺人を犯すのは矛盾している」と言う。犯人に犯罪をさせた社会環境にも責任があるとも考える。

そして、廃止論者が死刑に反対する一番大きな理由は、冤罪の問題である。まちがった裁判で死刑になってしまったら大変である。それに対して、存置論者は冤罪を防ぐためには、裁判を慎重にすればいいと考える。冤罪の可能性があるという理由だけで死刑制度を廃止すべきではないと主張する。

死刑制度を存置する場合も廃止する場合もそれぞれに、利益と不利益があるはずである。現在の私たちにとってどちらの利益が大きいか、十分に議論することが大切だと思われる。

（１）この文章が、死刑制度の賛成意見と反対意見について述べる文章であると、最初にわかる文はどれか、指摘しなさい。

（２）第２〜５段落において、死刑存置論者の立場に立つ文、死刑廃止論者の立場に立つ文をそれぞれ指摘し、２色のペンでぬり分けなさい。

（３）立場の対立を表す表現にどんなものがあるか、この文章からぬき出しなさい。

두 개 대립된 글을 이해하기 위해서는, 다음의 **대비를 나타내는 표현**에 주목해서 대비의 구조를 확실하게 캐치하는 것이 중요하다.

대비를 나타내는 표현 :「一方 한편」「それに対して 그것에 반해」「しかし 그러나」
　　　　　　　　　　　　「他方 한편」「反対に 반대로」「反面 반면」「逆に 반대로」
　　　　　　　　　　　　「むしろ 오히려」「だが 그렇지만」

> ### 대비의 구조
>
> [A]と[B]がある。
> [Aは……]。　一方／それに対して／しかし [Bは……]。
> [Bは……]。　一方／それに対して／しかし [Aは……]。
> A : 찬성 의견　B : 반대 의견

읽을 때는 **두 개의 대립항목에 각각 색을 칠하**면 찬성의견과 반대의견의 대립이 한층 더 이해하기 쉬워진다. 또한 찬성, 반대에는 각각의 주장을 뒷받침하는 근거가 존재한다. 어떤 근거가 서술되어 있을 때 그것이 어느 쪽 주장을 뒷받침하는 근거인지 확실하게 구분하며 읽는 것도 중요하다.

전략 습득 연습

Ⅰ　[　　　]에「また」「一方」중에서 어느 한쪽을 넣으시오. 양쪽 다 괜찮을 경우는 그 이유를 생각하시오.

（1）ゴミ処理場の建設に反対して、地元住民がデモをおこなった。［　　　］その地域にある自然保護団体もそのデモに加わった。

（2）京都人は古い伝統文化を大切にする。［　　　］新しい文化に対する好奇心も強い。

（3）日本はクリスチャンの人口が全人口の1％以下である。［　　　］韓国ではクリスチャンの人口は全人口の25％以上を占める。

Ⅱ　대비를 나타내는 말에 주의하면서 α와 β중, [　　　]에 들어갈 알맞은 쪽을 고르시오.

（1）スウェーデンは福祉に力を入れている。［　　　］。

　　α　それに対して、ドイツは環境問題に力を注いでいる

　　β　それに対して、スウェーデンは環境問題にも力を注いでいる

（2）兄は医者になるために医学部に進んだ。［　　　］。

　　α　一方、研究がおもしろくなって、医者にはならなかった

　　β　一方、弟は作家になるために文学部に入学した

（3）日本では、弁護士や公務員になるのに有利なため、法学部の人気が高い。［　　　］。

　　α　しかし、台湾では、ビジネスの勉強ができるため、商学部の人気が高い

　　β　しかし、日本では、会計士になるのに有利なため、商学部の人気も高い

（4）その論文は、海外の大学では高い評価を受けた。［　　　］。

　　α　反対に、学会誌には掲載されなかった

　　β　反対に、日本国内ではまったく注目されなかった

次の文章を読んで、設問に答えなさい。

(　外国人の参政権　)

　日本の政界には、日本の国籍を持たずに日本で暮らす在日外国人に対し、国や地方公共団体の選挙権・被選挙権を認めるべきだという意見と、認めるべきではないという意見があり、両者のあいだでいまだに議論が続いている。

　まず、外国人に参政権を認めるべきだと考える人は、外国人であっても納税者として日本人と同様に税金を納めているという事実が重要であると見る。つまり、義務を果たしているのだから権利も同様に認めるべきであると考えるのである。

　一方、認めるべきではないと考える人は、選挙権は、納税の義務に対する権利として認められているのではなく、日本国籍を持っている成人に与えられているものと見る。もし税金を払っていることで選挙権が得られるのであれば、20歳未満の未成年でも選挙権が持てることになるし、反対に、収入の低い人や生活保護を受けている人は納税の義務を十分に果たしていないということで、選挙権を持てなくなるおそれも出てくる。

　また、外国人に参政権を認めるべきではないという意見の人は、外国の国籍を持っている人はその国での選挙権が認められているのだから、日本で選挙権を行使する必要はないと見る。それに、もしその人が日本の選挙権を必要としているのなら、日本の国籍を取得し、帰化すればよいと考える。

　それに対し、参政権を認めるべきだと主張する人は、日本への帰化が容易ではない人もいること、さらには在日韓国・朝鮮人のように、戦時中、日本に強制的に連れてこられ、日本での生活を余儀なくされている人の存在を重視する。一時的な滞在者ならまだしも、定住者、とくに永住外国人には認められないのはおかしいと考えるのである。

　外国人を一時滞在者と定住者に分ける考え方のほかに、選挙権を国政と地方政治に分ける考え方もある。国政は国の存立に関わるものであり、その国に対して責任を

持たない外国人に選挙権を認めるのは無理がある。しかし、地方政治は外国人の生活に直接関わるものであるため、生活者である外国人にも地方参政権が認められると考えることができるのである。というのは、日本国憲法の条文では、国政の選挙権は「国民固有の権利」（第十五条一項）となっている。それに対して、地方政治の参政権は「その地方公共団体の住民が直接、これを選挙する」（第九十三条二項）となっているからである。

　このように、外国人参政権をめぐる見方は多様であり、今後も日本社会の国際化の流れのなかで、こうした議論が続いていくものと思われる。

質問

（１）　外国人参政権を認めるべきだと考えている文、外国人参政権を認めるべきではないと考えている文をそれぞれ指摘し、2色のペンでぬり分けなさい。

（２）　筆者自身は外国人参政権に対してどのような立場をとっているか、考えなさい。

（３）　この文章を200字程度で要約しなさい。

　　　　(먼저 메모지에 정리한 후, 뒷 페이지 원고지에 써 봅시다.)

死刑	しけい	사형
廃止（する）	はいし	폐지(하다)
傾向	けいこう	경향
存置（する）	そんち	존치(하다)
被害者	ひがいしゃ	피해자
犯罪	はんざい	범죄
抑える	おさ・える	억제하다
抑止力	よくしりょく	억지력
主張（する）	しゅちょう	주장(하다)
犯す	おか・す	범하다
死刑囚	しけいしゅう	사형수
相関関係	そうかんかんけい	상관관계
罪	つみ	죄
矛盾（する）	むじゅん	모순(이다)
責任	せきにん	책임
冤罪	えんざい	누명, 억울한 죄
裁判	さいばん	재판
防ぐ	ふせ・ぐ	막다
慎重に	しんちょう・に	신중하게
利益	りえき	이익
不利益	ふりえき	불이익

□ 参政権	さんせいけん	참정권
□ 国籍	こくせき	국적
□ 地方公共団体	ちほうこうきょうだんたい	지방공공단체
□ 選挙権	せんきょけん	선거권
□ 認める	みと・める	인정하다
□ 納税者	のうぜいしゃ	납세자
□ 同様に	どうよう・に	마찬가지로
□ 納める	おさ・める	납부하다
□ 成人	せいじん	성인
□ 未成年	みせいねん	미성년
□ 生活保護	せいかつほご	생활보호
□ 行使（する）	こうし	행사(하다)
□ 帰化（する）	きか	귀화(하다)
□ 主張（する）	しゅちょう	주장(하다)
□ 容易	よういい	용이
□ 強制的に	きょうせいてき・に	강제적으로
□ 余儀なくされる	よぎ・なくされる	어쩔 수 없이 하게 되다
□ 滞在者	たいざいしゃ	체류자
□ 定住者	ていじゅうしゃ	정주자
□ 存立	そんりつ	존립
□ 憲法	けんぽう	헌법
□ 固有	こゆう	고유

MEMO

筆者の立場を見ぬく

필자의 입장을 간파한다

제5과에서는 이항대립의 글에 대해 배웠다. 이항대립의 글 중에는 필자가 '찬성' '반대' 중 어느 쪽 입장에 서 있는지 확실하게 알 수 있는 것이 있다. 그 경우 양보, 역접표현 등 필자의 입장을 명확하게 하는 표현상의 실마리가 글 속에 나타난다.

이번 과에서는 이러한 표현상의 실마리를 이용해서 필자의 입장을 간파하는 방법을 생각한다.

次の文章を読んで、設問に答えなさい。

（　環境税導入の是非　）

　環境破壊は地球規模で進んでいる。私たち自身のためにも、そして私たちの子どもたちのためにも、地球環境を守らなければならないということに反対する人はいない。それにもかかわらず、環境破壊はますますひどくなっている。高度経済成長期の公害対策として有効だった直接規制だけでは、近年のNOxよる大気汚染や、CO_2による地球温暖化に対処できないからである。そこで、現在、市場メカニズムを利用した方法、特に環境税の導入が検討されている。

　しかし、環境税は環境対策としてはたして有効なのかどうか、産業界を中心にその効果を疑問視する声が上がっている。石油の価格が上がった石油ショック後も石油消費は増えつづけたという事実があるからである。ただ、当時、日本は景気が回復していたときであったことを考える必要がある。石油ショック後の省エネルギー運動によってエネルギー効率は高まったが、好景気のため、省エネルギーの効果以上に石油の消費量は増えたのである。

　また、環境税を導入した場合、その税額をコストに上乗せしなければならないため、製品の価格が上がる。その結果、個人消費が減り、景気回復に水を差すおそれがあるという意見も産業界では強い。しかし、企業は製品の価格を上げないように、エネルギー消費を少なくするさまざまな技術を開発すると考えられる。そうした技術革新が、その企業のコスト削減や国際競争力強化につながる可能性もある。

　もともと税額が高い石油などの化石エネルギーに、さらに税を課すのはおかしいという指摘もある。しかし、それは道路を新たにつくるための特定財源として高い税金が課されていたためであり、道路が十分整備された現状では、不必要な道路を新たにつくらないことで解決することが可能になっている。むしろ、特定財源にするのなら、環境税こそ特定財源にふさわしい。環境税を環境目的税にすれば、その税収を環境保護のためだけに使うことができるからである。

もちろん、急激な変化は景気の悪化を招くおそれがあるため、現段階では導入に慎重にならなければならない面もある。しかし、以上のようなことを考えると、私たち、そして子どもたちの将来にむけて、環境税を徐々に導入していく時期に来ているように思われる。

質문

（１）第２段落以降の文章を、筆者と対立する立場の文、筆者自身の立場の文に分け、それらを２色のペンでぬり分けなさい。

（２）筆者と対立する主張を示すことば、筆者自身の主張を示すことばにどんなものがあるか。この文章からすべてぬき出しなさい。

필자의 입장을 간파하기 위해서는 다음의 **양보를 나타내는 표현**, **역접을 나타내는 표현**에 주목하여 그 구조를 확실하게 이해하는 것이 필요하다.

양보(필자와 대립되는 주장)을 나타내는 표현 :

「確かに 확실히」「もちろん 물론」「なるほど 역시」「無論 물론」 등의 부사.「わかる 이해하다」「認める 인정하다」「だろう 것이다」「かもしれない 지도 모른다」「という見方はある 라는 견해는 있다」「という意見もある 라는 의견도 있다」「と思われている 라고 여겨지고 있다」 등의 문말표현이다.

역접(필자자신의 주장)을 나타내는 표현 :

「しかし 그러나」「だが 그렇지만」「けれども 하지만」「にもかかわらず 에도 불구하고」「ところが 하지만」「ただ 단」 등의 접속사이다.「一方 한편」「それに対して 그에 반해」 등 대비의 의미가 강한 접속사는 별로 사용되지 않는다.

> ### 양보와 역접의 구조
>
> 確かに／もちろん　[Aも……]だろう／かもしれない
> しかし／だが [Bは……]。
> A : 필자와 대립하는 주장 B : 필자자신의 주장

읽을 때에는 **필자의 입장과 필자와 반대되는 입장에 각각 다른 색을 칠하면** 필자의 입장이 더 선명해진다.

Ⅰ [   ]의 안을 스스로 생각하여 문장을 완성시키시오.

（１）確かに　[   ] かもしれないが、結婚だけが女性の
　　　幸せではないはずだ。

（２）[   ] が、すべての病気にきくわけではない。

（３）[   ]。むしろ、土地が安く、環境もよい地方都市
　　　のほうが住みやすいと言える。

（４）[   ]。しかし、日本国憲法は本当に時代遅れにな
　　　ったのであろうか。

Ⅱ [   ]의 안을 스스로 생각하여 문장을 완성시키시오.

（１）もちろん、インターネットは世界のさまざまな最新の情報を伝えてはくれるが、
　　　[   ]。

（２）バブルを引き起こしてしまった責任の一部は経済学者にあったことは認めざるを
　　　えない。だが、[   ]。

（３）公共事業がどれも意味がないものであると言い切ることはできない。
　　　ただ、[   ]。

（４）もちろんすべてのゴミがリサイクルできるわけではない。
　　　しかし、[   ]。

次の文章を読んで、設問に答えなさい。

（　夫婦別姓制度　）

　日本の民法では結婚する夫婦は同姓を選ばなければならず、夫婦別姓を選ぶことはできない。このことは、姓を変えなければならない女性にとって、大きな問題となる場合がある。この民法の規定が変わらない背景には、夫婦同姓制度を守ろうとする人々の根強い反対がある。

　夫婦同姓論者は、まず夫婦別姓によって家族の一体感が弱まると主張する。これは一見正当な主張に思える。しかし、夫婦別姓制度を取る国が必ずしも夫婦の離婚率が高いとは限らないということからわかるように、夫婦別姓であることと家族の結びつきが弱いこととは無関係であると考えられる。

　夫婦同姓制度は、男性の姓、女性の姓、いずれを選んでもよいものであり、必ずしも男性の姓を選ばなければならないわけではないと言われることもある。確かに、理屈のうえではその通りである。だが、現実の日本社会を見ると、98％の夫婦が男性の姓を選んでいる。これは、事実として不平等であると言わざるをえない。

　さらに、名字が変わったからといって、人格が変わるわけではないという主張もある。しかし、生まれたときから共に歩んできた名前を変えなければならない苦痛は、名前を変えた経験のない人には理解できないものである。これまで生きてきた人生が否定されるような気にさえなるアイデンティティの問題なのである。

　同時に、名字を変えることで、これまで築いてきたキャリアを失うおそれもある。さらに、結婚して姓を変え、離婚して姓を戻すということになると、姓の変更によって、個人のプライバシーを二度さらすことになるのである。別姓が選択できれば、このような問題は解消されるはずである。

　もちろん、伝統的な価値観を重視する人や、家族の一体感を求めて名前を変えたいという人がいてもよい。しかし、それは、結婚するさいに同姓か別姓かを選べる

選択的夫婦別姓制度を取り入れればよいのである。選択的夫婦別姓制度を導入しても、姓を変えたいという人に大きな不利益を及ぼすことはないと思われる。

（１）　この文章を、筆者と対立する立場の文、筆者自身の立場の文に分け、それらを2色のペンでぬり分けなさい。

（２）　譲歩を示すことば、逆接を示すことばにどんなものがあるか。この文章からぬき出しなさい。

（３）　この文章を200字程度で要約しなさい。

（먼저 메모지에 정리한 후, 뒷 페이지 원고지에 써 봅시다.）

導入	どうにゅう	도입
環境破壊	かんきょうはかい	환경파괴
公害	こうがい	공해
規制	きせい	규제
大気汚染	たいきおせん	대기오염
地球温暖化	ちきゅうおんだんか	지구온난화
対処（する）	たいしょ	대처(하다)
疑問視（する）	ぎもんし	의문시(하다)
省エネルギー	しょうエネルギー	에너지 절약
上乗せ（する）	うわの・せ	추가
減る	へ・る	감소하다
水を差す	みず・を・さ・す	찬물을 끼얹다
技術革新	ぎじゅつかくしん	기술혁신
削減	さくげん	삭감
競争力	きょうそうりょく	경쟁력
化石エネルギー	かせきエネルギー	화석에너지
指摘	してき	지적
特定財源	とくていざいげん	특정재원
課す	か・す	부과하다
整備（する）	せいび	정비(하다)
急激な	きゅうげき・な	급격한
悪化	あっか	악화
招く	まね・く	초대하다
慎重	しんちょう	신중함
徐々に	じょじょ・に	서서히

民法	みんぽう	민법
姓	せい	성
規定	きてい	규정
背景	はいけい	배경
一体感	いったいかん	일체감
主張（する）	しゅちょう	주장(하다)
一見	いっけん	얼핏 보기에
離婚率	りこんりつ	이혼율
結びつき	むす・びつき	유대
理屈	りくつ	이치, 도리
不平等	ふびょうどう	불평등
名字	みょうじ	성
人格	じんかく	인격
苦痛	くつう	고통
否定（する）	ひてい	부정(하다)
築く	きず・く	쌓다
さらす		드러내다, 노출시키다
解消（する）	かいしょう	해소(하다)
伝統的な	でんとうてき・な	전통적인
導入（する）	どうにゅう	도입(하다)
不利益	ふりえき	불이익

MEMO

文章を整理して 理解する

글을 정리해서 이해한다

　본론이 몇 개의 부분으로 나눠질 경우, 필자는 각각 순서를 정해, 정리해서 제시하는 방법을 자주 사용한다. 이러한 순서를 나타내는 말에 주의하면서 읽어 간다면, 장문을 정리해서 이해할 수 있다.

　이번 과에서는 순서를 나타내는 말을 실마리로 해서 장문의 구조를 올바르게 이해하는 방법을 배운다.

次の文章を読んで、設問に答えなさい。

（　国際関係におけるNGOの意義　）

　近年、特に1990年代以降、国境を超えて活動するNGOの役割が拡大している。具体的には、緊急食糧援助、開発、人権、環境など、さまざまな分野でNGOの台頭が目立っている。NGOの役割の拡大は、人命や個人の権利を守るという人道的見地から見て重要であるだけでなく、国際関係を考える上でも意義のあることである。

　このようにNGOの役割が拡大しているのは、NGOが国際制度の成立を促したり、NGO自体が国際制度に入り込んだりすることによって国家間の関係を動かしているからである。この背景には、1990年代以降、NGOのネットワーク化が進んだことによって、NGO側が政府や国際組織と対等に交渉するだけの能力を身に付けたことがある。例えば、1,000以上のNGOが集まってできたネットワークである地雷禁止国際キャンペーン（ICBL）は、カナダ政府などに働きかけて、対人地雷禁止条約という国家間の取り決めを成立させた。そして、このICBLは、1999年に条約が発効されたあとも、各国や各地域の地雷廃棄の状況についてモニターを続けている。この例のように、NGOがネットワーク化され、政府の行動や国家間の関係を変化させることを地球市民社会の成立過程とみる論者もいる。

　しかし、NGOの役割が拡大したことをどのように評価するかは難しい。NGOはプラスの効果だけをわれわれにもたらすとは限らないからだ。現在、NGOが抱えている問題点は、大きく分けて四つある。

　まず、NGOは誰を代表しているのかという代表性の問題がある。NGOは国会議員のように民主的選挙で選ばれるわけではない。したがって、市民に広く支持されたNGOが役割を拡大するとは限らないのである。その意味でNGOは市民社会の意思を反映しているとは必ずしもいえない。また、NGOも自らの活動の結果に対して責任を求められるという責任性の問題がある。NGOは事業に失敗することもある。その場合、誰に対して、どのような責任をとるのかが課題とされている。さらに、資

金面で政府に依存する中で、NGOはどのように政府からの自立を保持していくかという自立性の問題がある。資金面で政府に過度に依存するようなNGOは準政府組織（QUANGOと呼ぶ）であるという指摘もある。そして、NGOは国内政治にどこまで関与できるかという政治性の問題がある。NGOが国内の政策変更を求める場合、政党など特定の政治勢力の利益を代弁しないように注意する必要がある。

　NGOは、撃てば必ず成果があがる「魔法の銃弾」ではない。国際関係を考える上でも、以上のような問題点を認識しつつ、NGOの役割に注目する必要がある。

질문

（1）ある文をそのあとの文章の中でくわしく説明することを予告することばを、本文中から三つ選びだしなさい。

（2）下線部の「現在、NGOが抱えている問題点」を四つ挙げなさい。また、その四つの問題点を挙げるときに、どのようなことばがそれぞれ始めに使われているか、指摘しなさい。

긴 문장을 정리해서 읽기 위해서는 **열거의 구조, 그것을 나타내는 표현**을 의식해서 읽는 것이 중요하다. 열거에는 시간 등의 제약 때문에 순서를 바꿀 수 없는 '**순서가 고정되어 있는 열거**'와 번호만 바꾸면 나열 순서를 바꿀 수 있는 '**순서가 고정되어 있지 않은 열거**'가 있다.

> ### 열거의 구조

1. 순서가 고정되어 있는 열거(시간적인 순서나 랭킹과 같은 순위 등)

　～を訪問した (観察した) 。 ~을(를) 방문했다(관찰했다) ／

　～を調査した (発表した) 。 ~를 조사했다(발표했다)／

　～は何か。 ~은(는) 무엇인가

　　まず／最初に……。 우선/처음으로…….

　　次に／ 続いて／次いで……。 다음으로/계속해서/이어서…….

　　さらに……。 추가로…….

　　そして／ 最後に……。 그리고/마지막으로…….

2. 순서가 고정되어 있지 않은 열거 1.를 제외한 일반적인 열거)

　～が X つある／どうして(何が)～か。 ~이(가) 몇 개 있다/어째서(무엇이)~인가?

　　第一に／まず……。 첫째/우선…….

　　第二に／次に／それから／また…… 。 둘째/다음으로/그리고/또한…….

　　第三に／さらに／それから／また……。 셋째/추가로/그리고/또한…….

　　そして／最後に……。 그리고/마지막으로…….

열거를 나타내는 표현은 읽는 동안에 잊어버리지 않도록 **펜으로 표시를 해 두면** 좋다. 또한 열거되는 항목은 비교적 긴 것이 많기 때문에, **단락단위로 글을 읽어 간다**는 큰 시점을 잊지 않도록 하는 것이 바람직하다.

[　　　　　]에 적당한 접속사(열거를 나타내는 말)을 넣으시오. 또, (1)에서는 숫자가 들어간 접속사를 사용하고, (2)에서는 숫자가 들어간 접속사는 사용하지 말 것.

（1）日本の経済がインフレになると考える根拠は三つある。［①　　　　］この半年
　　円安が続いていること。［②　　　　］市場金利が低く抑えられていること。
　　［③　　　　］中東情勢の不安から原油や金の価格が上がっていることである。

（2）労働組合の組織率が下がった理由は三つある。［①　　　　］リストラや企業の
　　倒産により、雇われている人の数が減ったこと。［②　　　　］、正社員が減
　　り、アルバイトやパートの労働者が増えていること。［③　　　　］、産業構造
　　の変化に労働組合がついていけていないことである。

（3）大地震が来たとき、しなければならないことは何か。［①　　　　］、大きなゆ
　　れが来たとき、近くにある机の下などに入り、自分の身を守らなければならな
　　い。［②　　　　］、ゆれがおさまってきたら、台所などで火を使っている場
　　合、火を消さなければならない。［③　　　　］、ゆれが完全におさまったら、
　　電気のブレーカーを下ろして、決められた避難場所に避難しなければならない。
　　ブレーカーを下ろすのは、下ろし忘れると、停電から回復したとき、電気がショ
　　ートして火事を起こす危険があるからである。

（4）日本ではどんな色の車が売れるのか。よく売れている乗用車の色を調査した。も
　　っとも人気があるのは、グレー（灰色）やシルバー（銀色）。生産台数の約４割
　　を占める。［①　　　　］、白が約３割。［②　　　　］、青、黒と続く。

次の文章を読んで、設問に答えなさい。

（　IT革命が企業を変える　）

　日本ではこの10年で、インターネット、携帯電話が急速に普及した。当初、日本はIT分野でアメリカに大きく遅れていたが、1999年に世界で最初に携帯電話からインターネットに接続できるサービス（ｉモード）を始めた。今では、電車の中などで、携帯電話を使ってインターネットにアクセスしたりテレビを見たりしている若者をふつうに見かけるようになった。IT、すなわちinformation technology（情報技術）革命が現在でも進行中である。IT革命によって、日本の企業はどのように変化していくのだろうか。

　まず、問屋や代理店などの中間業者を通さない直接取引の形態が増える。インターネットを利用した商取引をeコマースと呼ぶ。eコマースには、B to B（Business to Business）、B to C（Business to Consumer）の2つの形がある。B to Bは企業どうしの取引であり、例えば、自動車部品メーカーが自動車メーカーに部品を売る場合がこれに当たる。一方、B to Cは企業が消費者に商品やサービスを売ることである。また、近年 C to C（Consumer to Consumer）、つまり消費者同士の取引も、オークションのサイトや個人のホームページなどを利用してさかんに行われるようになった。

　次に、ベンチャー・ビジネスの生まれやすい環境になる。最近定着した言葉にSOHOがある。Small Office Home Officeの略であり、アメリカでは約4200万人がSOHOで働いていると言われている。パソコンの普及、インターネット社会の進展によって、日本でもSOHOでベンチャー・ビジネスを始めることが、以前より容易になった。

　さらに、大企業も組織の変革を求められることになる。以前の大企業のような中央集権型の企業組織では、何かを決めるために長い時間がかかっていた。しかし、社会のIT化によって情報の共有化が進むようになると、大企業が情報を占有できていた時代とは違い、情報は新しいうちに利用しなければ価値が減ってしまう。その

ため、短い時間で意志決定をする必要が生まれ、自社では時間やコストがかかりすぎる部門を外部委託（アウトソーシング）するなどの改革も進められるようになった。つまり、中央集権型の組織から分散型の組織への移行が起きているのである。

　IT社会を生き抜くために、企業も個人も新しい戦略と創造性が求められている時代であると言えるだろう。

注：B to C（Business to Consumer）、C to C（Consumer to Consumer）のConsumer
　　は Customer　を使う場合もある。

질문

（１）　下線部の「変化」はいくつあるか。

（２）　それぞれの「変化」の内容を簡潔に述べなさい。

（３）　この文章を200字程度で要約しなさい。
　　　　(먼저 메모지에 정리한 후, 뒷 페이지 원고지에 써 봅시다.)

☐ 意義	いぎ	의의
☐ 国境	こっきょう	국경
☐ 緊急	きんきゅう	긴급
☐ 食糧	しょくりょう	식량
☐ 台頭	たいとう	대두
☐ 人道的見地	じんどうてきけんち	인도적 견지
☐ 促す	うなが・す	촉구하다
☐ 背景	はいけい	배경
☐ 対等に	たいとう・に	대등하게
☐ 交渉（する）	こうしょう	교섭(하다)
☐ 地雷	じらい	지뢰
☐ 発効（する）	はっこう	발효(하다)
☐ 廃棄	はいき	폐기
☐ 状況	じょうきょう	상황
☐ 国会議員	こっかいぎいん	국회의원
☐ 選挙	せんきょ	선거
☐ 意思	いし	의사
☐ 反映（する）	はんえい	반영(하다)
☐ 責任	せきにん	책임
☐ 依存（する）	いそん	의존(하다)
☐ 自立	じりつ	자립
☐ 関与（する）	かんよ	관여(하다)
☐ 利益	りえき	이익
☐ 代弁（する）	だいべん	대변(하다)
☐ 撃つ	う・つ	쏘다
☐ 魔法の銃弾	まほう・の・じゅうだん	마법의 총탄

□ 携帯電話	けいたいでんわ	휴대전화
□ 急速に	きゅうそく・に	급속하게
□ 普及（する）	ふきゅう	보급(하다)
□ 接続（する）	せつぞく	접속(하다)
□ 問屋	とんや	도매상
□ 代理店	だいりてん	대리점
□ 形態	けいたい	형태
□ 定着（する）	ていちゃく	정착(하다)
□ 容易	ようい	용이
□ 変革	へんかく	변혁
□ 中央集権	ちゅうおうしゅうけん	중앙집권
□ 占有（する）	せんゆう	점유(하다)
□ 減る	へ・る	줄다
□ 外部委託	がいぶいたく	외부위탁
□ 分散	ぶんさん	분산
□ 移行	いこう	이행
□ 戦略	せんりゃく	전략
□ 創造性	そうぞうせい	창조성

정답 및 해설

（　法の世界に住む動物たち　）

서두단락

① 動物についての紛争が裁判になることがある。動物にかまれたり襲われたりした人が、損害賠償を求めて飼い主を訴えるケースは多い。牛、ぶた、にわとりを飼育する施設の悪臭や騒音も、しばしばトラブルの原因となる。つまり、法の世界の動物たちは、「迷惑な存在」なのである。

② 一方、動物は法的には財物の一種だから、所有することができるし、売買もできる。ここに人と動物の大きな違いがある。人は財物ではないから、所有の対象にならない。「わたしはあなたの物よ。」という言葉は、たとえ本気で言ったとしても、法的には無意味である。だから恋敵にとられた恋人を、裁判で取り戻すことはできない。しかし、盗まれたのが愛犬であれば、どろぼうになついていても、取り戻すことができる。ペットが他人の故意・過失が原因で死んでしまったら、飼い主は慰謝料を請求できる。かわいがっていたねこを犬にかみ殺されてしまった人が、犬の飼い主に慰謝料を請求し、認められた例が実際にある。

③ ところで、日本の集合住宅には、管理規約のなかでペットを飼うことを全面禁止しているところがたくさんある。あるマンションの管理組合が、規約に違反して犬を飼っていた住民に対して、犬の飼育禁止を求める訴訟を起こしたことがある。被告（飼い主）は、そのような規約は無効だと主張して争ったが、原告（管理組合）が勝訴した。日本の裁判所は、規約違反の動物飼育者に厳しい態度をとったのである。

결말단락

④ 最近、ペットを飼えることが「うたい文句」の分譲マンションも売り出されるようになってきた。いつかは「ペットといっしょに暮らす権利」が法的に認められるかもしれない。そうなれば、動物たちにとって、法の世界はもっと住みやすいものになるだろう。

(법의 세계에 사는 동물들)

동물에 대한 분쟁이 소송으로 이어지는 경우가 있다. 동물에게 물린다거나 습격 당한 사람이 손해배상을 청구해서 동물주인을 고소하는 경우는 많다. 소, 돼지, 닭을 사육하는 시설의 악취나 소음도 종종 트러블의 원인이 된다. 다시 말해서 법이 있는 세계의 동물들은 '민폐존재'이다.

한편, 동물은 법적으로 재물의 한 종류이므로 소유할 수 있고, 매매도 가능하다. 여기에 사람과 동물의 큰 차이가 있다. 사람은 재물이 아니므로 소유의 대상이 아니다. '난 당신 거야'라는 말은 설령 진심으로 하는 말이더라도 법적으로는 의미가 없다. 그러므로 다른 사람에게 애인을 빼앗겨도 재판으로 되찾아 올 수는 없다. 그러나 도둑맞은 애견이라면 도둑을 잘 따르더라도 되찾을 수 있다. 애완동물이 타인의 고의·과실이 원인이 되어 죽었다면 애완동물주인은 위자료를 청구할 수 있다. 애지중지하던 고양이가 개한테 물려 죽자 고양이 주인은 개주인에게 위자료를 청구해서 인정받은 예가 실제로 있다.

하지만 일본 공동주택에서는 관리규약 안에서 애완동물을 키우는 것을 전면 금지하고 있는 곳이 많이 있다. 어떤 아파트의 관리조합이 규약을 위반하고 개를 키우고 있던 주민에게 개 사육금지를 요구하는 소송을 일으킨 적이 있다. 피고(개주인)는 그러한 규약은 무효라고 주장하며 싸웠지만, 원고(관리조합)가 승소했다. 일본 법원은 규약위반을 한 동물사육자에게 엄격한 태도를 취한 것이다.

요즘 애완동물을 키울 수 있다는 것을 '선전문구'로 내세운 분양아파트도 매매되기 시작했다. 언젠가는 '애완동물과 함께 살 권리'가 법적으로 인정받을 지도 모른다. 그렇게 되면 동물들에게 있어서 법의 세계는 좀 더 살기 좋은 것이 될 것이다.

(1) 많이 나오는 어휘를 세어 보고 많은 순부터 열거해 보시오.

動物：7、人：6、法：5、犬：5、飼い主：4、ペット：4、規約：4、

裁判：3、管理：3、飼育：3（世界：2、財物：2、所有：2、恋：2、

慰謝料：2、組合：2）

(2) 위에서 만든 리스트를 몇 개의 그룹으로 나눠 보시오.

法律・規則のグループ （法、規約、裁判、管理）

人間のグループ （人、飼い主）

動物のグループ （動物、犬、ペット、飼育）

(3) 이 글의 제목을 달아 보시오.

法の世界に住む動物たち

(2) 의 세 개의 그룹 중에서 人間のグループ(인간그룹)가 법률과 관계가 있는 것은 당연하기 때문에 法律のグループ(법률그룹)와 動物のグループ(동물그룹)를 조합해서 제목을 단다.

(4) 제목을 다는데 사용한 어휘가 글의 어느 부분에 많이 나오는지 알아보시오.

冒頭の段落と結末の段落

전략 습득 연습 정답

(1) 「労働者」と「従業員」、「ストライキ」と「デモ行進」

(2) 「裁判」と「訴訟」

(3) 「製造」と「生産高」

(4) 「投資」と「資本」

(5) 「景気」「回復」と「好況」

(6) 「（国家間の）競争」と「（経済）摩擦」

(7) 「需要」と「供給」

(8) 「消費者」と「生産者」

1 과 실 천 연 습

(ゴーン流の文化肯定能力)

世界で最も尊敬される企業と経営者は？ 英国のフィナンシャル・タイムズ紙が毎年実施しているアンケートだ。世界の主要企業の経営者ら千人以上にインタビューしてまとめる。

企業の1位は米国のゼネラル・エレクトリック（GE）、経営者はマイクロソフトのビル・ゲイツ氏だった。日本企業は5位にトヨタ、6位にソニーという常連のほか、日産が50位に入った。

興味深いのは「尊敬される経営者」の方で、トヨタの奥田碩会長の6位に続いて、去年20位だった日産のカルロス・ゴーン社長が7位に入った。「たいへん革新的で攻撃的」という評のほか、特筆すべき点として多文化をくぐってきたことを指摘している。

彼の自伝『ルネッサンス』（ダイヤモンド社）を読んでみても、確かに多文化経験をみごとに生かしていることに感心させられる。ブラジルに生まれ、レバノン、フランス、米国、日本と拠点を移してきた。来日時にも「文化衝突に手を焼くだろう」と多くの人から警告されたそうだ。

確かに日仏の違いは大きい。彼はこう見る。たとえばフランス人は概念化が速くて明確だが、実行に時間をかける。日本人は概念化に手間取り、フランス人だったら髪をかきむしっていらだつところだが、実行段階では迅速、効率的だ。そんな違いを的確に把握しつつ、文化的相違は「革新」をもたらすというのが彼の信念だ。

一見マイナスに見えることをプラスにしてしまう。このゴーン流の「肯定能力」は企業経営にかぎらず、さまざまな場で必要とされる資質だろう。

（『朝日新聞』2003年1月23日朝刊「天声人語」）

(곤 류의 문화 긍정 능력)

　세계에서 가장 존경 받는 기업과 경영자는? 이것은 영국 파이낸셜 타임즈지가 매년 실시하고 있는 앙케이트이다. 세계 주요기업의 경영자 천 명 이상을 인터뷰해서 모은 것이다.

　기업 1위는 미국 제네럴 일렉트릭(GE), 경영자는 마이크로 소프트사의 빌 게이츠 씨였다. 일본기업은 5위에 도요타, 6위에 소니와 같은 단골손님 외에 닛산이 50위에 들어갔다.

　흥미로운 것은 '존경 받는 경영자' 부문에서 6위인 도요타의 오쿠다 히로시 회장에 이어, 작년 20위였던 닛산 카를로스 곤 사장이 7위에 들어간 것이다. '매우 혁신적이고 공격적'이라는 평가 외에 특필할 만한 점으로 다문화를 극복해 온 점을 지적하고 있다.

　그의 자서전 '르네상스'(다이아몬드 사)를 읽어 보더라도, 확실히 다문화경험을 훌륭하게 활용하고 있는 점에 감동하게 된다. 브라질에서 태어나, 레바논, 프랑스, 미국, 일본 등으로 거점을 옮겨 왔다. 일본에 건너올 때만 해도 '문화적 충돌로 고생할 것이다' 라고 많은 사람들이 경고했다고 한다.

　확실히 일본과 프랑스는 많이 다르다. 그는 이렇게 본다. 예를 들어 프랑스인은 개념화가 빠르고 명확하지만, 실행하는 데 시간이 걸린다. 일본인은 개념화에 시간이 걸리고, 프랑스인이었다면 머리를 쥐어 뜯으며 조바심 내는 단계인 실행단계에서는 신속, 효율적이다. 그런 차이를 정확하게 파악하면서, 문화적 차이는 '혁신'을 초래한다는 것이 그의 신념이다.

　얼핏 보기에 마이너스로 보이는 것을 플러스로 바꾼다. 이 곤 방식의 '긍정능력'은 기업경영에서 뿐만 아니라 다양한 곳에서 필요한 자질이다.

('아사히 신문' 2003년 1월 23일 조간 '천성인어')

(1) 이 글에 많이 나오는 5개의 어휘(「企業」「経営者」「ゴーン」「文化」「革新」), 또는 그것과 비슷한 의미를 가진 어휘를 체크해서, 그 어휘가 글의 어느 부분에 자주 나오는지 알아보고, 아래의 표에 나온 수를 넣으시오.

	1段落	2段落	3段落	4段落	5段落	6段落
企業	2	2	0	0	0	1
経営者	2	1	1	0	0	(1)
ゴーン	0	0	1	(1)	(2)	1
文化	0	0	1	2	1	0
革新	0	0	1	0	1	0

「経営者」의 (1)는 「経営」「ゴーン」의 (1)과 (2)는 「彼」를 가리킨다.

(2) 이 글의 제목을 달아보시오.

ゴーン流の文化肯定能力／文化的相違による革新

이 글에서는 「企業」「経営者」와 같이 1~2단락에 자주 나오는 어휘와 「ゴーン」「文化」「革新」과 같이 3~6단락에 자주 나오는 어휘가 있다. 1~2단락의 「企業」「経営者」는, ゴーン씨의 이름을 이끌어내기 위한 시작이며, 중요한 것은 「ゴーン」「文化」이다. 「ゴーン流の『肯定能力』」「文化的相違は『革新』をもたらす」 등을 힌트로 해서 제목을 생각해 낼 수 있다.

(3) 이 글을 200자 정도로 요약하시오.

「世界で尊敬される経営者」の7位に日産のゴーン社長が入った。彼は、ブラジル、レバノン、フランス、米国、日本と多文化をくぐりぬけてきた経験がある。その多文化経験を生かして彼は、たとえば日仏間の概念化と実行についての性格の違いを的確に把握し、その文化的相違を日産の経営の「革新」につなげることに成功した。そうしたゴーン流の「肯定能力」は企業経営にかぎらず、さまざまな場で必要とされる能力である。

（　少子高齢化と労働人口　）

ー　もともと高齢化とは人の寿命が伸びることであり、それ自体は悪いことではないが、先進国
| の場合、生まれる子どもの数が減るという「少子化」が「高齢化」と同時に進み、それを問題
| 視する人が多い。特に日本ではこの「少子高齢化」が急速に進んでいる。
| 　「このまま進むと、社会全体の中で、労働可能年齢（10代後半から60歳まで）の人達の割合
| がどんどん減り続ける。その時、減り続ける労働人口で社会全体を経済的に支えることはでき
| なくなる」と多くの人が主張する。年金問題も年金システムを支える労働者が相対的に減るこ
ー　とから起こる。

だが、日本の労働人口は本当に急減し、経済が成り立たなくなるのだろうか。この問題を次
の4点について考えてみよう。
　　　1．高齢者の就業率
　　　2．女性の就業率
　　　3．外国人労働者の数
　　　4．労働生産性
　60歳以上の高齢者の就業率は現在あまり高くないが、実際には元気で十分働ける高齢者は
多い。「若い頃のように週40時間働くのはたいへんだろうが、週20時間程度なら70歳ぐら
いまで働きたい」と多くの高齢者が言う。それが実現すれば高齢者の就業率はかなり高くな
り、社会の高齢化で労働人口はそれほど減らないかもしれない。
　では女性の就業率はどうか。現在の日本社会では女性が子育てをしながら働き続けるのはむ
ずかしい。そのため、子どもを生むのをやめるか仕事をやめる女性が多い。子育てをしなが
ら働ける環境が整えば、女性の就業率はずっと高まるし、同時に出生率も高まるかもしれな
い。
　また、日本は外国人労働者の比率が他の先進国と比べてきわめて低い。これから外国人労働
者が増えれば労働人口の減少はおさえられる。
　さらに、技術革新によって、これからも労働生産性が高まる可能性は高く、現在ほど労働力
は必要でなくなるだろう。
　以上のことから、高齢者や女性の就業率を高めるための社会システムを作ったり、外国人労
働者を受け入れたりすれば、少子高齢化が進んでも大きな労働力不足は起こらないと予想され
る。

(저출산 고령화와 노동인구)

원래 고령화라는 것은 사람의 수명이 길어지는 것을 말하며, 그것 자체는 나쁜 것이 아니다. 하지만 선진국의 경우, 태어나는 아이의 수가 감소하는 '저출산화'가 '고령화'와 동시에 진행되어 그것을 문제시하는 사람이 많다. 특히나 일본에서는 이 '저출산 고령화'가 급속하게 진행되고 있다.

'이대로 계속 된다면, 사회 전체에서 노동가능연령(10대후반에서 60세까지)의 사람 비율이 점점 줄어들어 간다. 그때, 계속해서 줄어드는 노동인구로 사회전체를 경제적으로 지탱하는 것은 불가능하게 된다'라고 많은 사람이 주장한다. 연금문제 역시 그 연금시스템을 지탱하는 노동자가 상대적으로 감소하는 것에서부터 생겨난다.

하지만 일본의 노동인구는 정말로 급감하고, 경제가 유지되지 못하게 되는 걸까? 이 문제를 다음 네 가지 점에서 생각해 보자.

1. 고령자의 취업률
2. 여성의 취업률
3. 외국인 노동자 수
4. 노동생산성

60세 이상 고령자의 취업률은 현재 그다지 높지 않지만, 실제로는 건강해서 충분히 일할 수 있는 고령자가 많다. '젊을 때처럼 주 40시간 일하는 건 어렵겠지만, 주 20시간 정도라면 70살 정도 까지 일하고 싶다'라고 많은 고령자가 말한다. 그것이 실현된다면, 고령자의 취업률은 상당히 높아질 것이고, 사회 고령화로 노동인구는 그다지 감소하지 않을지도 모른다.

그럼, 여성취업률은 어떨까? 현재 일본사회에서는 여성이 아이를 키우면서 일을 계속하기는 어렵다. 그 때문에 아이 낳는 것을 포기하든지 일을 포기하는 여성이 많다. 아이를 키우면서 일할 수 있는 환경이 갖추어진다면, 여성 취업률은 훨씬 높아지고, 동시에 출생률도 높아질 지 모른다.

또한 일본은 외국인 노동자의 비율이 다른 선진국에 비해 현저히 낮다. 앞으로 외국인 노동자가 증가하면, 노동인구의 감소는 억제할 수 있다.

게다가 기술혁신에 의해 앞으로도 노동생산성이 높아질 가능성은 높고, 현재만큼 노동력은 필요하지 않게 될 것이다.

이상에서 보듯이, 고령자나 여성 취업률을 높이기 위한 사회시스템을 만들거나 외국인노동자를 받아들이거나 하면, 저출산 고령화가 진행되더라도 큰 노동력부족은 일어나지 않으리라 예상된다.

(1) 이 글의 제목을 달아보시오.

少子高齢化(しょうしこうれいか)と労働人口(ろうどうじんこう)

「だが」로 시작되는 제3단락 전까지가 이 글의 주제이다. 제1단락은 「少子高齢化(しょうしこうれいか)」, 제2단락은 「労働人口(ろうどうじんこう)」의 주제이다.

(2) 어디까지가 서론(글의 첫 부분에 있으며, 「무슨 이야기인지」에 대해서 쓰여 있는 부분)이고, 어디까지가 본론(서론 다음에 있으며, 그 글에서 「무엇이 문제가 되고 있는지」를 상세하게 서술하고 있는 부분)인지 생각해 보시오.

「年金問題(ねんきんもんだい)も年金(ねんきん)システムを支(ささ)える労働者(ろうどうしゃ)が相対的(そうたいてき)に減(へ)ることから起(お)こる。」까지가 序論(じょろん)、「だが、日本人(にほんじん)の労働人口(ろうどうじんこう)は本当(ほんとう)に急減(きゅうげん)し、経済(けいざい)が成(な)り立(た)たなくなるのだろうか。」부터가 本論(ほんろん)。

(3) 글 전체의 「물음」을 나타내는 문장을 하나 고르시오.

だが、日本(にほん)の労働人口(ろうどうじんこう)は本当(ほんとう)に急減(きゅうげん)し、経済(けいざい)が成(な)り立(た)たなくなるのだろうか。

(1) β (그렇다면, 앞으로 일본의 정치가 크게 바뀌는 때가 올까?)

(2) α (우주개발과 관련된 과학기술은 도대체 어디까지 진보할 수 있을까?)

(3) α (일본적인 경영에는 해결해야 할 과제가 세 가지가 있다.)

(4) β (시장경제는 자유경쟁경제, 다시 말해서 정부의 지배를 받지 않고 기업이 자유롭게 활동할 수 있는 경제이지만, 문제도 많다.)

(5) α ((사회에는 지켜야 할 룰이 있다.) 하지만, 정치세계에서는 그 룰이 지켜지지 않는다.)

(6) β (우리들의 사회를 살기 좋은 사회로 만들 방법을 생각해 보자.)

(7) α (지금 대학교육이 안고 있는 문제점을 여기서 검토해 보자.)

（　国民審査の意義と方法　）

国民審査とは、最高裁判所の裁判官が、その役目にふさわしいかどうか、国民の投票によって決めるもので、日本国憲法で定められている制度である。この国民審査の制度は何のためにあるのだろうか。

欧米の近代憲法を手本にして作られた日本国憲法は、政治権力が集中しないように、三権分立の原則が採用されている。すなわち、国会と内閣と裁判所がたがいに独立した存在として、抑制しあい、バランスを保っている。このうち、国会に対しては、国民は直接選挙で選ぶことができる。内閣に対しては、そのメンバーを直接選挙で選ぶことはできないが、直接選挙で選んだ国会議員の投票によって、内閣の長である内閣総理大臣を選ぶことができる。裁判所の長である最高裁判所長官は、内閣によって指名され、その他の最高裁判所長官も内閣によって任命されるため、国民の意思が反映されにくい。したがって、最高裁判所の人事に対して国民が直接投票することで、国民の意思を司法に反映させることができるように、このような制度が設けられたと考えられる。

国民審査は、最高裁判所の裁判官になった者が、任命後最初に行われる衆議院議員の総選挙のときに国民の直接選挙によって審査を受けるというものである。この国民審査は、以後10年を経過するごとに行われる。しかし、国民審査の方法にはいくつかの問題点があるように思われる。 ― 논점표시문

국민審査の投票では、この制度がリコール制度であることを考え、信任しない裁判官には投票用紙のその裁判官のところに×を記入し、信任する裁判官には何も記入しないという方法が採られている。しかし、これでは白票が、すべて信任する投票と見なされるので、棄権の自由が奪われるし、信任、不信任が判断できないとき、その判断を保留することもできない。また、×だけを記入する方法そのものが日本人の精神性にあわない。現実に、日本国憲法が施行されて50年以上が経過しているが、その間、最高裁判所裁判官がリコールされたことは一度もなく、この制度そのものが、司法に対する民主的なコントロールが働いていないという意味で、適切に機能しているとは言いにくい。

また、欧米に比べ、裁判が社会的に定着していない日本社会では、裁判官の信任、不信任を判断するのは、一般の国民にとって非常に難しいことである。したがって、裁判をいままで以上に国民に開かれたものにするために、国民審査の対象になる裁判官に関するすべての司法判断を、マスメディア、インターネットなどを通じて、一人一人の裁判官の「顔」が見えるような形で公表する必要がある。

이 글의 주제

서론

본론

(국민심사의 의의와 방법)

국민심사란, 대법원의 대법관이 그 직무에 적합한지 어떤지를 국민투표로 결정하는 것으로, 일본국헌법으로 정해져 있는 제도이다. 이 국민심사제도는 무엇을 위해 존재하는 것일까?

구미의 근대헌법을 본 따서 만든 일본국헌법은, 정치권력이 집중하지 않도록 삼권분립 원칙이 채택되고 있다. 즉, 국회와 내각과 법원이 서로 독립된 존재로서 서로 견제하며 균형을 유지하고 있다. 이 중, 국회는 국민이 직접선거로 뽑을 수 있다. 내각은 그 구성원을 직접선거로 뽑을 수 없지만, 직접선거로 뽑힌 국회의원의 투표로 내각의 수장인 내각총리대신을 뽑을 수 있다. 대법원의 수장인 대법원장은 내각에 의해 지명되고, 그 외의 대법원의 대법관도 내각에 의해 임명되기 때문에, 국민의 의사가 반영되기 어렵다. 따라서 대법원의 인사를 국민이 직접투표 하는 것으로 국민의 의사를 사법부에 반영시킬 수 있도록 이러한 제도가 만들어졌다고 생각된다.

국민심사는 대법원의 대법관이 된 자가 임명 후 처음 행해지는 중의원 총선거 때 국민의 직접투표에 의해 심사를 받는 것이다. 이 국민심사는 이후 10년이 경과 될 때마다 실시된다. 그러나 국민심사 방법에는 몇 가지 문제점이 있다고 생각된다.

국민심사 투표에서는 이 제도가 해직 청구제 라는 것을 생각해, 신임하지 않는 대법관에게는 투표용지의 그 대법관 부분에 X 를 기입하고, 신임하는 대법관에게는 아무것도 기입하지 않는 방법을 채택하고 있다. 그러나 이걸로는 아무것도 쓰지 않은 기권표가 모두 신임하는 표로 간주되기 때문에 포기의 자유가 빼앗겨지며, 신임, 불신임을 판단할 수 없을 때 그 판단을 보류할 수도 없다. 또 X 만을 기입하는 방법 그 자체가 일본인의 정신과 맞지 않는다. 실제로 일본국헌법이 시행된 지 50년 이상이 경과했지만, 그 사이에 대법원의 대법관이 해직 청구된 적은 한 번도 없었으며, 이것은 이 제도 자체가 사법에 대한 민주적 콘트롤 작용을 하고 있지 못하다는 의미이므로, 적절하게 기능하고 있다고 말하기 힘들다.

또한 구미에 비해 재판이 사회적으로 정착되지 않은 일본사회에서는 대법관의 신임, 불신임을 판단하는 것은 일반 국민에게 있어서 상당히 어려운 것이다. 따라서 재판을 이제까지 이상으로 국민들에게 공개된 것으로 만들기 위해, 국민심사의 대상이 되는 대법관에 관한 모든 사법판단을 매스미디어, 인터넷 등을 통해 한 사람 한 사람의 대법관의 '얼굴'이 보이는 형태로 공표할 필요가 있다.

(1) 이 글에 제목을 달아보시오.

国民審査の意義と方法

제1, 제2단락은 국민심사제도가 무엇을 위해 있는 것인가라는 「意義 의의」를 나타내고, 제3단락은 국민심사의 「方法 방법」를 나타내고 있다.

(2) 어디까지가 서론이고, 어디부터가 본론인지 생각해 보시오.

「しかし、国民審査の方法にはいくつかの問題点があるように思われる。」까지가 序論、「国民審査の投票では、この制度がリコール制度であることを考え、信任しない裁判官には投票用紙のその裁判官のところに×を記入し、信任する裁判官には何も記入しないという方法が採られている。」からが本論。

(3) 논점표시문을 하나 골라서 그 문장을 논점표시문이라고 생각한 이유를 서술해 보시오.

しかし、国民審査の方法にはいくつかの問題点があるように思われる。

「この国民審査の制度は何のためにあるのだろうか。」도 논점표시문으로 보이지만, 글 전체의 흐름(위치나 분량)에서 생각해 보면 국민심사제도의 목적을 서술한 부분은 국민심사제도를 소개하기 위한 서론이며, 본론은 「国民審査制度の問題点」이기 때문이다.

(4) 이 글을 200자 정도로 요약하시오.

国民審査とは、最高裁判所の裁判官を信任するかどうか、国民の投票で決めるものである。国会や内閣に比べ、裁判所は国民の意思が反映されにくいので、この制度がある。しかし、その審査の方法には問題点ある。白票は信任と見なされるため、今まで裁判官が不信任になったことがなく、リコール制度として機能していない。また、審査の対象になる裁判官の情報が一般の国民にはわかりにくいので、そうした情報を、事前に、国民にわかりやすい形で公表する必要もある。

（　ことばに焼きつけられているもの　）

例1　A：「病院に行ったんでしょ？どんな先生だった？」

　　　　B：「女医さんだったよ。」

例2　働く女性の権利を守らなければならない。

서론

　この例1、例2はごく一般的に使われるものだが、例1のBの発言や例2の文の中に、ことばを通して見えてくる日本社会の一側面がうかがわれる。

　「女性の医者」のことを「女医」と言う。では、「男性の医者」は何と言うのだろうか。実は、日本語には「男性の医者」を一単語で表す表現はないのである。

　「女性の医者」が「女医」ならば「男性の医者」は「男医」になるはずである。しかし、この表現は実際には使われない。

　同様に、例2の文の「働く女性」を「働く男性」にすることも、意味的には全く問題ではないはずであるにもかかわらず、実際にはそうした表現が使われることはない（「働く人」なら問題なく使える）。

　なぜこのようなことが起こるのであろうか。　― 본론 도입 문장

본론

　ここで、少し言語学の用語を使うことにしたい。使うのは「無標」と「有標」という概念である。無標というのは簡単に言えば「当たり前の場合」ということであり、有標というのは「特別な場合」ということである。

　ある概念に名前を付ける場合、当たり前の（無標の）場合には特別な名前を付けず、特別な（有標の）場合だけ特に名前を付けるということがよく行われる。

　この、特別な場合にだけ何かをするというやり方はわれわれの日常生活でもよく観察されることである。一例を挙げてみよう。

　自動車を運転する場合、方向指示器で自分が向かう方向を他の車に示す。この場合、指示器を使うのは右または左に曲がるときだけあって、直進するときには何も示さない。

　ブレーキを踏んだときや後退するときだけ表示が出るのも同じ理由による。つまり、直進したりブレーキを踏まないのが無標の場合であり、曲がったり後退したりブレーキを踏んだりするのは有標の場合なのである。

　ここで、例1と例2の場合に戻って考えてみると、「男医」や「働く男性」という表現がなく、「女医」「働く女性」という表現があるのは、「女性の医者」「働く女性」という概

念が「医者」「働く人」というカテゴリーの中で 有標なものであるからだと考えることができる。言い換えると、「医者」や「働く人」という概念の 無標の対象は「男性」であるため、「男性の医者」や「働く男性」という概念を表すためにことさら特別の表現を作る必要はないということである。

結論 以上のようなことは「医者」や「働く男性」という概念に関する日本社会の深層心理を反映しているものと考えられる。**このように、ことばにはそれを使う社会が持っている価値観が反映されていることがよくある。** ― 글 전체의 결론을 나타내는 문장

(단어에 각인되어 있는 것)

예문 1 A : "병원에 갔었지? 어떤 의사선생님이었니?"
    B : "여의사였어."

예문 2 일하는 여성의 권리를 지켜야한다.

예문1, 예문2는 지극히 평범한 문장이지만, 예문1에서 B의 발언이나 예문2에서의 단어를 통해, 일본사회의 일면을 엿 볼 수 있다.

'여자 의사'를 '여의사'라고 한다. 그렇다면 '남자 의사'는 뭐라고 할까? 실은 일본어에서 '남자 의사'를 나타내는 다른 표현은 없다.

'여자 의사'가 '여의사'라면 '남자 의사'는 '남의사'가 되어야 할 것이다. 그러나 이런 표현은 실제로 사용되지 않는다.

마찬가지로 예문2에서 '일하는 여성'을 '일하는 남성'으로 바꿔본다면 어떨까. 의미상으로는 전혀 문제될 것 없어 보이지만, 실제로 그런 표현이 사용되는 경우는 없다('일하는 사람'이라면 아무 문제없이 사용할 수 있다).

왜 이런 일이 생기는 것일까?

여기서 잠깐 언어학에서 사용하는 용어를 빌려 설명해 보겠다. 그것은 '무표'와 '유표'라고 하는 개념이다. '무표'란 쉽게 말해 '당연한 경우'를 말하는 것이며, '유표'란 ' 특별한 경우'를 가리킨다.

우리는 어떤 개념에 이름을 붙일 때, '당연한 무표'의 경우에는 딱히 이름을 붙이지 않고, '특별한 유표'의 경우에만 이름을 붙인다.

특별한 경우에만 무엇인가를 하는 방식은, 우리들의 일상생활에서도 자주 보여지는 일이다. 한가지 예를 들어보겠다.

자동차를 운전할 때, 방향지시등을 이용해 자신이 향하는 방향을 다른 자동차들에게 알린다. 이 때, 방향

지시등을 켜는 것은 좌회전 혹은 우회전을 할 때만이고, 직진을 할 때는 아무런 표시도 하지 않는다. 브레이크를 밟을 때나 후진을 할 때만 등이 켜지는 것 역시 마찬가지다. 즉, 직진하거나 브레이크를 밟지 않는 것이 무표의 경우이고, 좌회전이나 우회전을 한다든지 브레이크를 밟는 것은 유표의 경우이다.

여기서 예문1과 예문2의 이야기로 돌아가 보자. '남의사'나 '일하는 남성'이라는 표현은 없고, '여의사' '일하는 여성'이라는 표현은 존재한다는 것은 '여자 의사', '일하는 여성'이라는 개념이 '의사' '일하는 사람'이라는 카테고리 안에서 유표이기 때문인 것이다. 다시 말하자면, '의사', '일하는 사람'이라는 개념의 무표 대상(=당연한 대상)은 '남자'이기 때문에, '남자 의사'나 '일하는 남성'이라는 개념을 나타내는 표현을 굳이 만들어낼 필요가 없는 것이다.

위에서 살펴본 것은 '의사'나 '일하는 남성'이라는 개념에 관한 일본사회의 심층심리를 반영한 것이다. 이와 같이, 말에는 그것을 사용하는 사회의 가치관이 반영되는 경우가 종종 있다.

정답 및 해설

(1) 이 글을 서론 · 본론 · 결론 3부로 나누시오.
　　序論：第1〜5段落、本論：第6〜10段落、結論：第11段落

(2) 서론에서 본론으로 바뀌는 도입부분 문장을 글 전체에서 찾으시오.
　　なぜこのようなことが起こるのであろうか。

(3) 이 글 전체의 결론을 나타내는 문장을 글 전체에서 찾으시오.
　　このように、ことばにはそれを使う社会が持っている価値観が反映されていることがよくある。

(4) 이 글의 제목 「ことばに焼きつけられているもの」는 무엇인지 설명해 보시오.
　　そのことばを使う社会が持っている価値観

(1) β (비판하는 사람을 쫓아내는 조직에 미래는 없는 것은 아닐까?)

(2) β (현재, 풀뿌리 시민운동을 재평가할 시기에 와 있는 것은 아닐까?)

(3) α (금융청도 일본은행의 의견에 귀를 기울여야 한다.)

(4) α (남성이 가사일을 하게 되면, 여성의 사회진출도 분명히 더 쉬워질 것이다.)

(5) β (이번 정상회담에서는 그러한 문제가 논의될 것 같다.)

(6) α (휴대전화는 지금도 계속해서 진화하고 있다.)

(7) α (이처럼, 벤처 기업에의 투자가 진행되면 경제도 활성화 될 것이다.)

(8) β (따라서, 소아과의를 늘리기 위한 시스템을 조속히 만들 필요가 있다.)

（　消費者の求めているもの　）

　高度経済成長期が終わるころまでに、生活に必要なものを一通り持つようになった日本の消費者は、バブル期に必要のないもの、高額なものを買う傾向にあった。しかし、バブル崩壊後、消費者がそうしたものを買わなくなったことによって、市場は完全な買い手市場になった。それに伴い、高度成長期の「いいものを、安く」に加え、「品数豊富なものの中から、手軽に」買えるようにしなければ、ものが売れなくなった。小売店は、ものを買わない消費者にいかに買わせるかについて、さまざまな方法を考えはじめている。 ― 본론 도입 문장

　高度成長期の日本の消費者を支えた商店街は、いろいろな店を回らなければならない不便さや、品数、価格の面から、あまり利用されなくなった。また、オイル・ショック後からバブル期までを支えた都市型のスーパーも、2004年末に産業再生機構の支援を受けることになったダイエーに代表されるように、郊外型の大型ディスカウント店に押され、売り上げを減らしている。大型ディスカウント店は地価の安い郊外にあることが多いため、その分、売り場面積も大きくすることができ、安い商品を品数豊富にそろえることができる。また、車社会の進展によって、大きな駐車場を持つこうした店に消費者が手軽に買いに行けるようになったことも大きい。

　コンビニエンス・ストアは、商品の値段は安くはないが、24時間営業という手軽さや、売れるものしか置かないという徹底した商品管理、コピーや銀行のATMといった提供されるサービスの豊富さによって店の数を急速に増やし、そのおかげでますます便利になっている。いまでは、ディスカウント・ストアとコンビニエンス・ストアをあわせたような、深夜営業をする大型量販店も増えている。深夜という時間は人間の判断力がにぶるため、必要のないものでも、安ければつい買ってしまう。ものがあふれた現代社会の中で、このような大型量販店は購買者のそうした心理をうまく利用している。

　一方、高価な商品を品数豊富に取りそろえていたデパートも、2000年のそごうの倒産に代表されるように、衰退しはじめている。一部の高級ブランド品をのぞき、ブランド物でさえも、安くなければ売れなくなってきている。現在、郊外でアウトレット・モールが成功しているのは、メーカーが卸を通さずに、ブランド物を消費者が直接安く売っているからであろう。また、流通コストのかからない通信販売やインターネット・ショッピングも多く利用されるようになった。豊富なリストの中から自分の好きなものを、自宅で手軽に選ぶことができるからである。

　このように、現在、商品に関するさまざまな情報が市場にあふれており、消費者が商品を選

ぶ目はますます厳しくなっている。小売店はそうした消費者にものを売るために、新たな方法を次々に考えだしている。消費者の買い物をめぐる状況は、近年急速に変化しているのである。 ― 글 전체의 결론을 나타내는 문장

결론

번역

(소비자가 바라는 것)

고도성장기가 끝날 무렵, 생활에 필요한 대부분의 것들을 가지게 된 일본 소비자들은 버블경제기에 굳이 필요 없는 것, 고가의 것들을 사들이는 경향이 강했다. 그러나 버블경제 붕괴후, 소비자들이 그런 물건을 더 이상 사지 않게 되자, 시장은 완전한 매주시장(주:공급에 비해 수요가 적어서, 구매사 쪽이 유리한 시장)이 되었다. 고도성장기의 '좋은 물건을 싸게' 살 수 있었던 것에 그치지 않고, '다양한 상품 중에서 간편하게' 살 수 있게 하지 않으면 물건은 팔리지 않았다.

소매점은 물건을 사지 않는 소비자들을 어떻게 해야 물건을 사게끔 할지에 대해서 다양한 방법을 궁리하기 시작했다.

고도성장기에 소비자들이 많이 이용했던 상점가는, 여러 가게를 돌아다녀야 한다는 불편함과 물건의 종류, 가격 등의 이유로 점차 이용되지 않게 되었다. 또한 오일 쇼크 이후부터 버블경제시기까지 활성화됐었던 도시형 슈퍼마켓도 2004년 말에 산업재생기구의 지원을 받게 된 다이에와 같이 교외형 대형 할인매장에 밀려나 매출이 떨어졌다. 대형 할인매장은 땅값이 싼 교외지역에 있는 경우가 많기 때문에, 그 만큼 매장면적도 크게 만들 수 있고, 다양한 종류의 상품들을 싸게 구비해 놓을 수 있다. 또한 자동차 사회의 발전에 따라, 대형주차장을 갖춘 이러한 상점으로 소비자들은 손쉽게 쇼핑을 하러 갈 수 있게 된 것도 큰 이유가 됐다.

편의점은 물건의 가격이 싸지는 않지만, 24시간영업이라는 편리함과 잘 팔리는 것들만 진열해 두는 철저한 상품관리, 그리고 복사나 은행 ATM 등 다양한 서비스의 제공에 의해 가게의 수가 급속히 증가해, 그 덕분에 점점 더 편리해지고 있다. 지금은 할인마트와 편의점을 접목해 심야영업을 하는 대형마트도 늘고 있다. 심야라는 시간에는 인간의 판단력이 둔해지기 때문에 필요 없는 물건이라도 가격이 싸면 그만 사 버리고 만다. 물건이 넘쳐나는 현대사회에서 이러한 대형마트는 구매자의 그런 심리를 잘 이용하고 있다.

한편, 고가인 상품을 다양하게 갖춰놓은 백화점 역시 2000년 소고백화점의 도산으로 대표되듯이 쇠퇴하기 시작했다. 일부 고급 명품을 제외하고는, 브랜드 상품조차 싸지 않으면 팔리지 않게 되었다. 현재 교외에서 아울렛 몰이 성공한 것은, 제조사가 도매상을 통하지 않고 브랜드제품을 직접 싸게 팔고 있기 때문일 것이다. 그리고 유통비가 들지 않는 통신판매나 인터넷 쇼핑도 많이 이용하게 되었다. 풍부한 리스트 중에서 자신이 좋아하는 것을 자택에서 손쉽게 고를 수 있기 때문이다.

이와 같이 현재 상품에 관한 다양한 정보가 시장에 넘쳐나고 있으며, 소비자들은 상품을 고르는

눈이 점점 더 엄격해지고 있다. 소매점은 그러한 소비자에게 물건을 팔기 위해 새로운 방법을 계속해서 생각해내고 있다. 소비자들의 쇼핑을 둘러싼 상황은 최근 급속하게 변화하고 있다.

정답 및 해설

(1) 이 글을 서론·본론·결론 3부로 나누시오.
　　序論：第1段落、本論：第2～4段落、結論：第5段落

(2) 본론으로 바뀌는 계기를 주는 문장을 글 전체에서 찾으시오.
　　小売店は、ものを買わない消費者にいかに買わせるかについて、さまざまな方法を考えはじめている。

(3) 이 글 전체의 결론을 나타내는 문장을 글 전체에서 찾으시오.
　　消費者の買い物をめぐる状況は、近年急速に変化しているのである。

(4) 이 글을 200자 정도로 요약하시오.
　　日本でバブル崩壊後、完全な買い手市場になったため、ものを買わない消費者にいかに買わせるかが重要になった。その結果、商店街やスーパーの代わりに、品数豊富なものの中からいつでも手軽に買える郊外型の大型ディスカウント店やコンビニエンス・ストアが急速に増え、流通コストのかからない通信販売やインターネット・ショッピングも多く利用されるようになった。消費者の買い物をめぐる状況は、近年急速に変化しているのである。

（　バブル経済　）

　1970年代の2度の石油ショックの後、日本経済は、政府の積極的な経済財政政策でいち早く回復し、安定成長の時代へと入った。しかし、1985年、アメリカが、世界最大の債務国に転落したとき、時代は動き始めた。

　双子の赤字を抱えるアメリカは、同年9月、プラザ合意の中で、アメリカの貿易赤字削減のための国際協調政策を先進各国（日、独、仏、英）に依頼。日本はその政策を実現するために、金融緩和政策を強く進め、1ドル200円前後だった為替レートが、120円前後へと円高が急速に進んだ。

　インフレを防ぐには、中央銀行が金利（公定歩合）を引き上げることが必要だが、日本銀行は低金利政策を続け、公定歩合は2.5％にまで下げられた。急速な円高によって生まれた国内不況を回復させようとしたからである。その結果、景気は一時的に回復へ向かい、インフレは急激に進んだ。ベルリンの壁が崩壊した1989年には、東京証券取引所で株価が最高値を記録した。しかし、そこからバブル崩壊が始まった。

　バブル崩壊が始まる直前の1989年5月まで、2年3か月も低金利政策が続いた結果、貨幣の供給量は飛躍的に増大し、過剰流動性が生まれた。こうした過剰流動性は、本来なら、物価に反映されるべきものだが、円高や原油価格の低下から物価は上がらず、過剰流動性は株式や土地などの資産に集中した。財テクということばが流行し、国内での投機熱が高まり、企業も個人もこうした資産を買いあさった。その結果、1956年から1986年までに、消費者物価の4倍弱に対し、土地は50倍に値上がりした。

　バブル崩壊後、土地に関係する不動産会社や建設会社に貸し出した資金が焦げ付き、銀行は多額の不良債権を抱え込むことになった。今まで倒産することがないと思われていた金融機関が相次いで破綻し、残った金融機関も貸し出した資金が焦げ付くことを恐れて、極端な貸し渋りに走った。その後、日本は長い不況の時代に入ることになる。

(버블경제)

1970년대의 두 번의 석유파동 후, 일본 경제는 정부의 적극적인 경제재정정책으로 빠르게 회복되어, 안정성장 시대로 접어들었다. 그러나 1985년 미국이 세계최대의 채무국으로 전락했을 때, 시대는 움직이기 시작했다.

쌍둥이 적자에 직면한 미국은 같은 해 9월 플라자 합의에서 미국의 무역적자 삭감을 위한 국제협조정책을 선진각국(일본, 독일, 프랑스, 영국)에게 의뢰했다. 일본은 그 정책을 실현하기 위해 금융완화정책을 강하게 추진하여, 1달러에 200엔 전후였던 환율이 120엔 전후가 되며 엔고가 급속하게 진행되었다.

인플레이션을 막기 위해서는 중앙은행이 금리(공정이율)를 올릴 필요가 있지만, 일본은행은 저금리정책을 지속시켜 공정이율은 2.5%까지 내릴 수 있었다. 급속한 엔고에 따라 발생한 국내불황을 회복시키려 했기 때문이다. 그 결과 경기는 일시적으로 회복세를 보이며 인플레이션은 급속하게 진행되었다. 베를린 장벽이 붕괴된 1989년에는 동경증권거래소에서 주가가 최고치를 기록했다. 그러나 거기서부터 버블경제의 붕괴는 시작되었다.

버블경제의 붕괴가 시작되기 직전인 1989년 5월까지, 2년 3개월이나 저금리정책이 지속된 결과, 화폐공급량은 비약적으로 증대하고 과잉유동성이 발생했다. 이러한 과잉유동성은 원래는 물가에 반영되어야 하는 것이지만, 엔고와 원유가격의 저하로 인해 물가는 오르지 않고 과잉유동성은 주식이나 토지 등의 자산에 집중됐다. 재테크라는 말이 유행하고, 국내의 투기열이 높아지고, 기업도 개인도 이러한 자산을 사들였다. 그 결과 1956년부터 1986년까지 소비자 물가는 4배에 조금 못 미치게 오른 데 비해, 토지는 50배로 올랐다.

버블경제 붕괴 후, 토지와 관계 있는 부동산회사나 건설회사로 대출해준 자금이 회수 불가능해져, 은행은 거액의 불량채권을 떠안게 되었다. 이제껏 도산할 일이 없을 거라 여겨졌던 금융기관들이 잇달아 무너지고, 남은 금융기관도 대출해준 자금이 회수 불가능해질 것을 우려해 극단적인 신용규제로 치달았다. 이후 일본은 장기 불황시대로 접어들게 되었다.

(1)「金融機関の破綻」「インフレの急速な進行」「石油ショック」「バブル崩壊」「プラザ合意」「円高の急速な進行」「金融緩和政策」「安定成長」「低金利政策の持続」를 시대순으로 나열하시오.
　早い順に、「石油ショック」「安定成長」「プラザ合意」「金融緩和政策」「円高の急速な進行」「低金利政策の継続」「インフレの急速な進行」「バブル崩壊」「金融機関の破綻」

(2) 왜 버블경제가 되었는지 설명하시오.
　アメリカの貿易赤字削減のために金融緩和政策を進め、急速な円高後も国内不況を回復させようとして低金利政策を続け、インフレが急激に進んだ。そのインフレのため、貨幣の過剰流動性が生まれ、それが株式や土地などの資産に集中した結果、それらの資産が実際の価値の何倍もの価格になってしまったため。

(3) 버블 경제가 붕괴한 후 금융기관과 일본경제가 어떻게 되었는지 서술하시오.
　金融機関は土地などに関係する多額の不良債権を抱え込み、破綻したり貸し渋りに走ったりした。その結果、日本経済は長い不況に入った。

전략 습득 연습 정답

(1) 当初 당초
(2) 直後 직후
(3) その結果 그 결과
(4) その後 그 후
(5) 同時 동시
(6) かつては 예전에는
(7) というのは 라는 것은
(8) 現在 현재

（　もはや戦後ではない　）

日本は1945年（昭和20年）8月15日にポツダム宣言を受諾し、アメリカ中心の連合国軍に占領された。連合国軍総司令部（GHQ）の最高司令官はマッカーサーであった。GHQは様々な経済政策を行ったが、その中で特に重要なのは財閥解体と農地改革である。

財閥解体は戦前の日本経済で大きな位置を占めていた三井、三菱、住友などの財閥を解体し、経済の自由化を行うためのものであった。一方、農地改革は地主の土地の一部を強制的に買い取り、敗戦まで苦しい生活を強いられてきた小作農に与える政策であり、いずれも日本の民主化にとって重要な意味を持っていた。ただし、後者については、結果的に大量の零細農家を作り出し、農業の生産性を低くしたという問題点も指摘されている。

日本経済は戦争で壊滅的な状態になり、戦後は高いインフレ率に悩まされていた。その対策として、1949年に来日したドッジは強力な緊縮財政政策であるドッジ・ラインを敷き（このとき円の対ドルレートは1ドル＝360円と決められた）、そのため、日本経済は一気にデフレになった。こうして深刻な不況に陥った日本経済を「救った」のは50年に起こった、韓国（大韓民国）と北朝鮮（朝鮮民主主義人民共和国）の間で起こった朝鮮戦争による特需（朝鮮特需）である。これにより、日本経済は一気に好況になった。

戦中・戦後の物不足の中で生産を確保するために、日本経済は国家が生産を統制する計画経済になっていた。そうした「ぬるま湯」的体質を改め、効率を重視する市場経済に日本経済を連れ戻すことがドッジ・ラインの真の目的であったと考えられている。

こうした状況の中で日本の再独立に関する交渉が進められ、1951年に日本はサンフランシスコ講和条約を結び、6年ぶりに完全な独立を回復した。それと同時に、日米安全保障条約（日米安保）も結ばれ、現在まで続く日本とアメリカの同盟関係が始まった。

1955年（昭和30年）には国民一人あたりのGNP（国民総生産）が戦前の水準に達した。これは日本経済が戦争からの復興の時期を過ぎたことを表していた。そのため、翌1956年の『経済白書』は、今後は特需などに頼らない、技術革新などによる自立的な経済発展が必要であるとして、「もはや＜戦後＞ではない」ということばをのせている。日本経済はこのあと1973年の第1次石油危機のころまで高度経済成長を続けていくことになる。

(이제는 전후가 아니다)

일본은 1945년 (쇼와 20년) 8월 15일에 포츠담선언을 수락하고, 미국중심의 연합군에게 점령당했다. 연합국군총사령부(GHQ)의 최고사령관은 맥아더였다. GHQ는 다양한 경제정책을 실시했지만, 그 중에서 득히 중요한 것은 재벌해체와 농지개혁이었다.

재벌해체는 전쟁 이전의 일본경제에서 커다란 위치를 차지했던 미츠이, 미츠비시, 스미토모 등의 재벌을 해체하여, 경제 자유화를 행하기 위함이었다. 한편, 농지개혁은 지주의 토지 일부를 강제로 사들여, 패전 때까지 힘든 생활을 해야 했던 소작농에게 나눠주는 정책이었으며, 둘 다 일본의 민주화에 있어서 중요한 의미를 가지고 있었다. 다만, 후자에 대해서는 결과적으로 대량의 영세농가를 만들어내, 농업생산성을 저하시켰다는 문제점도 지적되고 있다.

일본경제는 전쟁으로 괴멸상태가 되어, 전후에는 높은 인플레이션에 시달렸다. 그 대책으로 1949년에 일본에 온 닷지는 강력한 긴축재정정책인 닷지 라인을 펼치고(이 때 엔에 대한 달러의 환율은 1달러=360엔으로 정해졌다), 그로 인해 일본경제는 단숨에 디플레이션이 되었다. 이렇게 심각한 불황에 빠진 일본경제를 '구한' 것은 50년에 일어난 한국(대한민국)과 북한(조선민주주의인민공화국) 사이에 일어난 한국전쟁에 따른 특별 수요(조선 특별수요)이다. 이로 인해 일본경제는 단숨에 호황이 되었다.

전쟁 중·후 물자부족 속에서 생산을 확보하기 위해, 일본경제는 국가가 생산을 통제하는 계획경제가 되었다. 그런 '안일한' 체질을 고쳐 효율을 중시하는 시장경제로 일본경제를 되돌려놓는 것이 바로 닷지 라인의 진정한 목적이었다고 생각된다.

이런 상황 속에서 일본의 재독립에 관한 교섭이 진행되어 1951년에 일본은 샌프란시스코강화조약을 체결하여 6년만에 완전한 독립을 회복했다. 그와 동시에 미일안전보장조약(미일안보)도 체결되어 현재까지 이어지는 일본과 미국의 동맹관계가 시작되었다.

1955년(쇼와 30년)에는 국민 일인당 GNP(국민총생산)가 전쟁 이전의 수준에 도달했다. 이것은 일본경제가 전쟁으로부터의 부흥 시기를 이미 넘어섰다는 것을 의미했다. 그 때문에 이듬해인 1956년 '경제백서'에서는, 앞으로는 특별수요 등에 기대지 않고, 기술혁신 등에 의한 자립적인 경제발전이 필요하다라고 해서 '이제는 〈전후〉가 아니다' 라는 말을 실었다. 일본경제는 이 이후 1973년 제 1차 석유파동 때까지 고도경제성장을 계속하게 된다.

(1)「ドッジ・ライン」「もはや＜戦後＞ではない」「ポツダム宣言の受諾」「サンフランシスコ講和条約」「高度経済成長」「財閥解体」「GNPの戦前の水準への回復」「特需」「デフレによる不況」를 시대순으로 열거하시오.

早い順に、「ポツダム宣言の受諾」「財閥解体」「ドッジ・ライン」「デフレによる不況」「特需」「サンフランシスコ講和条約」「GNPの戦前の水準への回復」「もはや＜戦後＞ではない」「高度経済成長」

(2) 왜 닷지 라인이 시행되었는지 이유를 두 가지 들어보시오.

一つは、戦争によって壊滅的な状態になり、戦後高いインフレ率で悩まされた日本経済を建て直すため。もう一つは、戦中・戦後の物不足の中で、国家が生産を統制する計画経済になっていた日本経済の「ぬるま湯」的体質を改め、効率を重視する市場経済に戻すため。

(3)「もはや＜戦後＞ではない」는 무엇을 의미하고 있는지 생각해 보시오.

国民一人あたりのGNPが戦前の水準に回復したことで戦後復興が終わり、今後は戦後復興ではない自立的な経済発展が必要だということ。

(4) 이 글을 200자 정도로 요약하시오.

日本では戦後、GHQによって財閥解体や農地改革などの重要な経済政策が行われた。また、日本経済は戦争で壊滅的な状態になり、高いインフレ率を下げるため、緊縮財政政策であるドッジ・ラインが敷かれたが、それによって深刻な不況に陥った。しかし、朝鮮特需によって、一気に好況になった。その結果、1955年には国民一人あたりのGNPが戦前の水準に達するまで回復した。日本経済はこのあと73年ごろまで高度経済成長を続けることになった。

（　死刑制度廃止論　）

アムネスティというNGOによると、1997年3月の時点で死刑を廃止した国は100カ国、死刑を廃止していない国は94カ国あるそうである。死刑廃止は世界的傾向だが、日本には死刑制度がある。そして、死刑制度を「存置」すべきだと考えている人（存置論者）と「廃止」すべきだと考えている人（廃止論者）がいる。

死刑存置論者は、まず、被害者の気持ちを考える。人は自分の子供が殺されたら、犯人を殺したいと思うはずである。次に、存置論者は死刑があるから犯罪を抑えることができると言う。これを犯罪抑止力と言う。

しかし、廃止論者は死刑には犯罪抑止力はないと主張する。日本の調査によれば、犯罪を犯す時に、自分が死刑になるだろうと考えた死刑囚はほとんどいなかったということである。また、アメリカには死刑制度がある州とない州があるが、死刑制度と重大な犯罪の発生件数には相関関係がないという調査結果も出ているらしい。

また、死刑廃止論者は「殺人を罪とする国家が、死刑という殺人を犯すのは矛盾している」と言う。犯人に犯罪をさせた社会環境にも責任があるとも考える。

そして、廃止論者が死刑に反対する一番大きな理由は、冤罪の問題である。まちがった裁判で死刑になってしまったら大変である。それに対して、存置論者は冤罪を防ぐためには、裁判を慎重にすればいいと考える。冤罪の可能性があるという理由だけで死刑制度を廃止すべきではないと主張する。

死刑制度を存置する場合も廃止する場合もそれぞれに、利益と不利益があるはずである。現在の私たちにとってどちらの利益が大きいか、十分に議論することが大切だと思われる。

(사형제도폐지론)

엠네스티라는 NGO에 따르면, 1997년 3월 시점에서 사형을 폐지한 나라는 100개국, 사형을 폐지하지 않은 나라는 94개국이 있다고 한다. 사형폐지는 세계적인 추세이나, 일본에는 사형제도가 존재한다. 그리고 사형제도를 '존치'해야만 한다고 생각하는 사람(존치론자)와 '폐지'해야만 한다고 생각하는 사람(폐지론자)이 있다.

사형 존치론자들은 먼저 피해자의 감정을 생각한다. 사람은 자신의 자식이 살해당했다면 그 범인을 죽이고 싶다고 생각할 것이다. 다음으로, 존치론자들은 사형제도가 있기 때문에 범죄를 억제할 수 있다고 말한다. 이것을 범죄 억지력이라고 한다.

그러나 폐지론자들은 사형에 범죄 억지력은 없다고 주장한다. 일본의 한 조사에 따르면, 범죄를 저질렀을 때 자신이 사형에 처하게 될 것이라고 생각했던 사형수는 거의 없었다고 한다. 미국에는 사형제도가 있는 주와 없는 주가 있는데, 사형제도와 중대 범죄의 발생건수에는 상관관계가 없다 라는 조사결과도 나왔다고 한다.

그리고 사형 폐지론자들은 '살인을 죄라고 여기는 국가가, 사형이라는 살인을 저지른다는 것은 모순이다' 라고 말한다. 범인에게 범죄를 일으키게 한 사회환경에도 책임이 있다고도 생각한다.

또한 폐지론자들이 사형에 반대하는 가장 큰 이유는, 억울하게 죄를 뒤집어 쓰는 경우의문제이다. 잘못된 판결로 사형에 처해진다면 큰일이다. 그것에 대해 존치론자들은 억울하게 죄를 뒤집어 쓰는 일을 막기 위해서는 재판을 신중하게 하면 된다고 생각한다. 억울하게 죄를 뒤집어 쓸 가능성이 있다는 이유만으로 사형제도를 폐지해서는 안 된다는 주장이다.

사형제도를 존치하든 폐지하든 각각 이익과 불이익이 있을 것이다. 현재 우리들에게 있어서 어느 쪽의 이익이 더 큰지는 충분히 논의하는 것이 중요하다고 생각되어진다.

(1) 이 글이 사형제도의 찬성의견과 반대의견에 대해서 서술하는 글이라는 것을 맨 처음 알 수 있는 문장은 어느 것인가? 지적해 보시오.

そして、死刑制度を「存置」すべきだと考えている人（存置論者）と「廃止」すべきだと考えている人（廃止論者）がいる。

(2) 제 2~5단락에서 사형존치론자의 입장에 선 문장과, 사형폐지론자의 입장에 선 문장을 각각 지적하고, 두 가지 색의 펜으로 나누어 칠해 보시오.

死刑存置論者

死刑存置論者は、まず、被害者の気持ちを考える。人は自分の子供が殺されたら、犯人を殺したいと思うはずである。次に、存置論者は死刑があるから犯罪を抑えることができると言う。これを犯罪抑止力と言う。

それに対して、存置論者は冤罪を防ぐためには、裁判を慎重にすればいいと考える。冤罪の可能性があるという理由だけで死刑制度を廃止すべきではないと主張する。

死刑廃止論者

しかし、廃止論者は死刑には犯罪抑止力はないと主張する。日本の調査によれば、犯罪を犯す時に、自分が死刑になるだろうと考えた死刑囚は一人もいなかったということである。また、アメリカには死刑制度がある州とない州があるが、死刑制度と重大な犯罪の発生件数には相関関係がないという調査結果もでているらしい。

また、死刑廃止論者は「殺人を罪とする国家が、死刑という殺人を犯すのは矛盾している」と言う。犯人に犯罪をさせた社会環境にも責任があるとも考える。

そして、廃止論者が死刑に反対する一番大きな理由は、冤罪の問題である。まちがった裁判で死刑になってしまったら大変である。

(3) 입장의 대립을 나타내는 표현에 어떤 것이 있는지, 이 글에서 찾아내어 보시오.

「しかし」「それに対して」

Ⅰ

(1) また　(2) また／一方(いっぽう)　(3) 一方(いっぽう)

(1)은 전후의 문장이 공통된 입장이므로 「また」가 들어간다. (3)은 반대로 전후의 문장의 차이가 강조되기 때문에 「一方(いっぽう)」가 들어간다. (2)는 오래되든 새롭든 문화에 공통되게 흥미가 있다고 생각하면 「また」가 들어가고, 「古(ふる)い」문화와 「新(あたら)しい」문화의 대립이라고 생각하면 「一方(いっぽう)」가 들어간다.

Ⅱ

(1) α (그것에 비해 독일은 환경문제에 힘을 쏟고 있다)

(2) β (반면, 남동생은 작가가 되기 위해 문학부에 입학했다)

(3) α (그러나 대만에서는 비즈니스 공부를 할 수 있기 때문에 상경부의 인기가 높다)

(4) β (반대로 일본국내에서는 전혀 주목 받지 못했다)

（　外国人の参政権　）

日本の政界には、日本の国籍を持たずに日本で暮らす在日外国人に対し、国や地方公共団体の選挙権・被選挙権を認めるべきだという意見と、認めるべきではないという意見があり、両者のあいだでいまだに議論が続いている。

まず、外国人に参政権を認めるべきだと考える人は、外国人であっても納税者として日本人と同様に税金を納めているという事実が重要であると見る。つまり、義務を果たしているのだから権利も同様に認めるべきであると考えるのである。

一方、認めるべきではないと考える人は、選挙権は、納税の義務に対する権利として認められているのではなく、日本国籍を持っている成人に与えられているものと見る。もし税金を払っていることで選挙権が得られるのであれば、20歳未満の未成年でも選挙権が持てることになるし、反対に、収入の低い人や生活保護を受けている人は納税の義務を十分に果たしていないということで、選挙権を持てなくなるおそれも出てくる。

また、外国人に参政権を認めるべきではないという意見の人は、外国の国籍を持っている人はその国での選挙権が認められているのだから、日本で選挙権を行使する必要はないと見る。それに、もしその人が日本の選挙権を必要としているのなら、日本の国籍を取得し、帰化すればよいと考える。

それに対し、参政権を認めるべきだと主張する人は、日本への帰化が容易ではない人もいること、さらには在日韓国・朝鮮人のように、戦時中、日本に強制的に連れてこられ、日本での生活を余儀なくされている人の存在を重視する。一時的な滞在者ならまだしも、定住者、とくに永住外国人には認められないのはおかしいと考えるのである。

外国人を一時滞在者と定住者に分ける考え方のほかに、選挙権を国政と地方政治に分ける考え方もある。国政は国の存立に関わるものであり、その国に対して責任を持たない外国人に選挙権を認めるのは無理がある。しかし、地方政治は外国人の生活に直接関わるものであるため、生活者である外国人にも地方参政権が認められると考えることができるのである。というのは、日本国憲法の条文では、国政の選挙権は「国民固有の権利」（第十五条一項）となっている。それに対して、地方政治の参政権は「その地方公共団体の住民が直接、これを選挙する」（第九十三条二項）となっているからである。

このように、外国人参政権をめぐる見方は多様であり、今後も日本社会の国際化の流れのなかで、こうした議論が続いていくものと思われる。

(외국인의 참정권)

일본 정계에서는 일본국적을 갖지 않고 일본에 사는 재일외국인에 대해, 나라와 지방공공단체의 선거권 및 피선거권을 인정해야 한다 라는 의견과 인정해서는 안 된다 라는 의견이 있으며, 지금도 논의가 계속되고 있다.

먼저 외국인에게 참정권을 인정해줘야 한다고 생각하는 사람은, 외국인이라도 납세자로서 일본인과 마찬가지로 세금을 납부하고 있다는 사실을 중요하게 본다. 즉, 의무를 다하고 있으니까 권리도 동등하게 인정해야 한다고 생각하는 것이다.

한편 인정해서는 안 된다고 생각하는 사람은, 선거권은 납세의 의무에 대한 권리로서 인정되는 것이 아니라, 일본국적을 가진 성인에게 주어지는 것이라고 본다. 만약 세금을 냄으로써 선거권을 얻을 수 있는 것이라면, 20세 미만의 미성년자여도 선거권을 가질 수 있게 되며, 반대로 수입이 적은 사람이나 생활보호를 받고 있는 사람은 납세의무를 충분히 다하고 있지 않는 것으로 인해 선거권을 가질 수 없게 될 우려도 생긴다.

또한 외국인에게 참정권을 인정해줘서는 안 된다는 의견의 사람은, 외국국적을 가지고 있는 사람은 그 나라에서의 선거권이 인정되므로 일본에서 선거권을 행사할 필요가 없다고 본다. 그런데도 만약 그 사람이 일본의 선거권을 필요로 한다면, 일본국적을 취득해서 귀화하면 된다고 생각한다.

그에 반해, 참정권을 인정해야 한다고 주장하는 사람은, 일본으로 귀화하는 것이 용이하지 않은 사람도 있으며, 거기다 재일한국·조선인과 같이 전시 중에 일본으로 강제로 끌려와 어쩔 수 없이 일본에서 생활을 하고 있는 사람들의 존재를 중시한다. 일시적인 체류자라면 몰라도 정주자, 특히 영주외국인에게 인정되지 않는 것은 이상하다고 생각하기 때문이다.

외국인을 일시 체류자와 정주자로 나눠서 생각하는 방식 외에, 선거권을 국정과 지방정치로 나눠서 생각하는 방식도 있다. 국정은 국가의 존립에 관계된 것이며, 그 나라에 대해서 책임을 지지 않는 외국인에게 선거권을 인정하는 것은 무리가 있다. 그러나 지방정치는 외국인의 생활에 직접 관계된 것이기 때문에, 생활자인 외국인에게도 지방참정권이 인정된다고 생각할 수 있다. 그것은 일본국헌법 조문에서는 국정에 관한 선거권이 '국민고유의 권리'(제 15조 1항)로 되어 있는데 반해, 지방정치 참정권은 '그 지방공공단체의 주민이 직접 이것을 선거한다'(제 93조 2항)로 되어 있기 때문이다.

이와 같이 외국인 참정권을 둘러싼 견해는 다양하며, 앞으로도 일본사회의 국제화의 흐름 속에서 이러한 논의는 계속되어 갈 것이라 본다.

（1）외국인참정권을 인정해야만 한다고 생각하고 있는 문장, 외국인참정권을 인정해서는 안 된다고 생각하고 있는 문장을 각각 제시하고, 각각 다른 색 펜으로 나누어 칠해 보시오.

外国人参政権を認めるべきだと考えている文

　まず、外国人に参政権を認めるべきだと考える人は、外国人であっても納税者として日本人と同様に税金を納めているという事実が重要であると見る。つまり、義務をはたしているのだから権利も同様に認めるべきであると考えるのである。

　それに対し、参政権を認めるべきだと主張する人は、日本への帰化が容易ではない人もいること、さらに在日韓国・朝鮮人のように、戦時中、日本に強制的に連れてこられ、日本での生活を余儀なくされている人の存在を重視する。一時的な滞在者ならまだしも、定住者、とくに永住外国人には認められないのはおかしいと考えるのである。

　しかし、地方政治は外国人の生活に直接関わるものであるため、生活者である外国人にも地方参政権が認められると考えることができるのである。

　それに対して、地方政治の参政権は「その地方公共団体の住民が直接、これを選挙する」（第九十三条二項）となっているからである。

外国人参政権を認めるべきではないと考えている文

　一方、認めるべきではないと考える人は、選挙権は、納税の義務に対する権利として認められているのではなく、日本国籍を持っている成人に与えられているものと見る。もし税金を払っていることで選挙権が得られるのであれば、20歳未満の未成年でも選挙権が持てることになるし、反対に、収入の低い人や生活保護を受けている人は納税の義務を十分に果たしていないということで、選挙権を持てなくなるおそれも出てくる。

　また、外国人に参政権を認めるべきではないという意見の人は、外国の国籍を持っている人はその国での選挙権が認められているのだから、日本で選挙権を行使する必要はないと見る。それに、もしその人が日本の選挙権を必要としているのなら、日本の国籍を取得し、帰化すればよいと考える。

　国政は国の存立に関わるものであり、その国に対して責任を持たない外国人に選挙権を認めるのは無理がある。

　というのは、日本国憲法の条文では、国政の選挙権は「国民固有の権利」（第十五条一項）となっている。

（２）필자자신은 외국인참정권에 대해서 어떠한 입장을 취하고 있는지 생각보시오.

　筆者自身は、外国人参政権をめぐる多様な意見について、それぞれの根拠も含めて、中立的な立場で紹介している。また、筆者は、日本社会の国際化の流れのなかで、こうした議論が今後も続いていくと考えている。

（３）이 글을 200자 정도로 요약하시오.

　外国人参政権を認めるかどうかについては多様な意見がある。外国人に参政権を認めるべきだと考える人は、外国人が納税者であること、日本国籍を持たない定住者の存在を指摘する。一方、認めるべきでないと考える人は、参政権が日本国籍を持つ成人の権利であることを強調する。そのほか、生活に直接関わる地方政治には参政権を認め、国政には認めないという考え方もある。日本社会の国際化の流れのなかで、今後もこうした議論は続いていくだろう。

（　環境税導入の是非　）

　環境破壊は地球規模で進んでいる。私たち自身のためにも、そして私たちの子どもたちのためにも、地球環境を守らなければならないということに反対する人はいない。それにもかかわらず、環境破壊はますますひどくなっている。高度経済成長期の公害対策として有効だった直接規制だけでは、近年のNOxよる大気汚染や、CO$_2$による地球温暖化に対処できないからである。そこで、現在、市場メカニズムを利用した方法、特に環境税の導入が検討されている。

　しかし、環境税は環境対策としてはたして有効なのかどうか、産業界を中心にその効果を疑問視する声が上がっている。石油の価格が上がった石油ショック後も石油消費は増えつづけたという事実があるからである。　ただ　、当時、日本は景気が回復していたときであったことを考える必要がある。石油ショック後の省エネルギー運動によってエネルギー効率は高まったが、好景気のため、省エネルギーの効果以上に石油の消費量は増えたのである。

　また、環境税を導入した場合　その税額をコストに上乗せしなければならないため、製品の価格が上がる。その結果、個人消費が減り、景気回復に水を差すおそれがあるという意見も産業界では　強い　。　しかし　、企業は製品の価格を上げないように、エネルギー消費を少なくするさまざまな技術を開発すると考えられる。そうした技術革新が、その企業のコスト削減や国際競争力強化につながる可能性もある。

　もともと税額が高い石油などの化石エネルギーに、さらに税を課すのはおかしいという指摘もある。しかし、それは道路を新たにつくるための特定財源として高い税金が課されていたためであり、道路が十分整備された現状では、不必要な道路を新たにつくらないことで解決することが可能になっている。　むしろ　、特定財源にするのなら、環境税こそ特定財源にふさわしい。環境税を環境目的税にすれば、その税収を環境保護のためだけに使うことができるからである。

　もちろん　、急激な変化は景気の悪化を招くおそれがあるため、現段階では導入に慎重にならなければならない面もある。　しかし　、以上のようなことを考えると、私たち、そして子どもたちの将来にむけて、環境税を徐々に導入していく時期に来ているように思われる。

(환경세 도입의 시비)

　환경파괴는 지구규모로 진행되고 있다. 우리들 자신을 위해서도 그리고 우리들의 후손들을 위해서라도 지구환경을 지켜야 한다는 것에 반대할 사람은 없다. 그럼에도 불구하고 환경파괴는 점점 심각해지고 있다. 고도경제성장기의 공해대책으로 유효했던 직접 규제만으로는 최근의 질소산화물(녹스)에 의한 대기오염이나 이산화탄소에 의한 지구온난화에 대처할 수 없기 때문이다. 그래서 지금 시장 매커니즘을 이용한 방법, 특히 환경세 도입이 검토되고 있다.

　그러나 환경세는 환경대책으로서 과연 유효한 것인지 어떤지 산업계를 중심으로 그 효과를 의문시하는 목소리가 높아지고 있다. 석유 가격이 올랐던 석유파동 후에도 석유소비는 계속 증가했다는 사실이 있기 때문이다. 다만 당시에 일본은 경기가 회복되고 있었을 때라는 것을 생각할 필요가 있다. 석유파동 후 에너지 절약운동으로 에너지 효율은 높아졌지만, 경기가 좋았기 때문에 에너지 절약 효과 이상으로 석유 소비량은 늘어난 것이다.

　또한 환경세를 도입했을 경우 그 세액을 원가에 추가해야 하기 때문에 제품가격이 오른다. 그 결과 개인소비가 줄고, 경기회복에 찬물을 끼얹을 우려가 있다는 의견도 산업계에서는 강하다. 그러나 기업은 제품가격을 올리지 않도록 에너지 소비를 적게 할 다양한 기술을 개발할 거라고 생각할 수 있다. 그러한 기술혁신이 그 기업의 원가삭감이나 국제경쟁력강화로 이어질 가능성도 있다.

　애초 세액이 높은 석유 등의 화석에너지에 세를 더 부과한다는 것은 너무하지 않나 라는 지적도 있다. 그러나 그것은 도로를 새로 만들기 위해 특정재원으로서 높은 세금이 부과되어 있었기 때문이고, 도로가 충분히 정비된 현 상황에서는 불필요한 도로를 새로 만들지 않는다는 것으로 해결하는 것이 가능해졌다. 오히려 특정재원으로 한다면 환경세야말로 특정재원에 적합하다. 환경세를 환경목적세로 한다면 그 세수를 환경보호만을 위해 이용할 수 있기 때문이다.

　물론 급격한 변화는 경기악화를 초래할 우려가 있기 때문에 현단계에서는 도입에 신중해야 한다는 면도 있다. 그러나 이상과 같은 점을 생각하면 우리들 그리고 후손들의 미래를 위해 환경세를 서서히 도입해 갈 시기가 와 있는 듯 하다.

(1) 제2단락 이후의 글을 필자와 대립하는 입장에서의 문장, 필자 자신의 입장을 나타내는 문장으로 나누어 그것을 각각 다른 색의 펜으로 나누어 칠해 보시오.

筆者と対立する立場の文

しかし、環境税は環境対策としてはたして有効なのかどうか、産業界を中心にその効果を疑問視する声が上がっている。石油の価格が上がった石油ショック後も石油消費は増えつづけたという事実があるからである。

また、環境税を導入した場合、その税額をコストに上乗せしなければならないため、製品の価格が上がる。その結果、個人消費が減り、景気回復に水を差すおそれがあるという意見も産業界では強い。

もともと税額が高い石油などの化石エネルギーに、さらに税を課すのはおかしいという指摘もある。

もちろん、急激な変化は景気の悪化を招くおそれがあるため、現段階では導入に慎重にならなければならない面もある。

筆者自身の立場の文

ただ、当時、日本は景気が回復していたときであったことを考える必要がある。石油ショック後の省エネルギー運動によってエネルギー効率は高まったが、好景気のため、省エネルギーの効果以上に石油の消費量は増えたのである。

しかし、企業は製品の価格を上げないように、エネルギー消費を少なくするさまざまな技術を開発すると考えられる。そうした技術革新が、その企業のコスト削減や国際競争力強化につながる可能性もある。

しかし、それは道路を新たにつくるための特定財源として高い税金が課されていたためであり、道路が十分整備された現状では、不必要な道路を新たにつくらないことで解決することが可能になっている。むしろ、特定財源にするのなら、環境税こそ特定財源にふさわしい。環境税を環境目的税にすれば、その税収を環境保護のためだけに使うことができるからである。

しかし、以上のようなことを考えると、私たち、そして子どもたちの将来にむけて、環境税を徐々に導入していく時期に来ているように思われる。

(2) 필자와 대립하는 주장을 나타내는 말, 필자자신의 주장을 나타내는 말에 어떤 것이 있는가? 이 글에서 모두 찾아 내시오.

筆者と対立する主張を示すことば：「～という意見も～強い」「～という指摘もある」「もちろん～面もある」

筆者自身の主張を示すことば：「ただ」「しかし」「むしろ」

전략 습득 연습 정답

Ⅰ

(1) 愛する男性と一緒に暮らせば心の安定が得られる　사랑하는 남자와 같이 살면 마음의 안정을 얻을 수 있을

(2) 確かにその薬はさまざまな病気を治すことができる　하긴 그 약은 여러 병을 고칠 수 있지

(3) 大都市圏の生活は便利だが、生活環境は悪く、ストレスが溜まりやすい　대도시권의 생활은 편리하지만, 생활환경은 나쁘고, 스트레스가 쌓이기 일쑤이다

(4) 日本国憲法は60年も前の憲法で今の時代に合わないと言う人がいる　일본국헌법은 60년이나 전의 헌법으로 지금 시대와 맞지 않는다는 사람이 있다

Ⅱ

(1) その情報の大部分は私たちの生活にとって本当に必要な情報ではない　그 정보의 대부분은 우리들의 생활에 정말 필요한 정보는 아니다

(2) 私たち経済学者が発し続けた警告に、政府や財界の人々はどのくらい耳を傾けていたのであろうか　우리 경제학자들의 계속된 경고에 정부나 재계는 어느 정도 귀를 기울였는가

(3) 利用のめどが立たず、建設そのものが目的になってしまった公共事業が多すぎるのも事実である　어디에 쓸지 생각지도 않고 건설 그 자체가 목적이 되어 버린 공공사업이 너무 많은 것도 사실이다

(4) 現在廃棄されているものの多くが、私たちの生活でリサイクル可能なものである　현재 폐기되고 있는 물건의 대부분이 우리들의 생활에서 재활용 가능한 것이다

（ 夫婦別姓制度 ）

日本の民法では結婚する夫婦は同姓を選ばなければならず、夫婦別姓を選ぶことはできない。このことは、姓を変えなければならない女性にとって、大きな問題となる場合がある。この民法の規定が変わらない背景には、夫婦同姓制度を守ろうとする人々の根強い反対がある。

夫婦同姓論者は、まず夫婦別姓によって家族の一体感が弱まると主張する。これは一見正当な主張に思える。しかし、夫婦別姓制度を取る国が必ずしも夫婦の離婚率が高いとは限らないということからわかるように、夫婦別姓であることと家族の結びつきが弱いこととは無関係であると考えられる。

夫婦同姓制度は、男性の姓、女性の姓、いずれを選んでもよいものであり、必ずしも男性の姓を選ばなければならないわけではないと言われることもある。確かに、理屈のうえではその通りである。だが、現実の日本社会を見ると、９８％の夫婦が男性の姓を選んでいる。これは、事実として不平等であると言わざるをえない。

さらに、名字が変わったからといって、人格が変わるわけではないという主張もある。しかし、生まれたときから共に歩んできた名前を変えなければならない苦痛は、名前を変えた経験のない人には理解できないものである。これまで生きてきた人生が否定されるような気にさえなるアイデンティティの問題なのである。

同時に、名字を変えることで、これまで築いてきたキャリアを失うおそれもある。さらに、結婚して姓を変え、離婚して姓を戻すということになると、姓の変更によって、個人のプライバシーを二度さらすことになるのである。別姓が選択できれば、このような問題は解消されるはずである。

もちろん、伝統的な価値観を重視する人や、家族の一体感を求めて名前を変えたいという人がいてもよい。しかし、それは、結婚するさいに同姓か別姓かを選べる選択的夫婦別姓制度を取り入れればよいのである。選択的夫婦別姓制度を導入しても、姓を変えたいという人に大きな不利益を及ぼすことはないと思われる。

（　부부별성제도　）

　일본의 민법에서는 결혼하는 부부는 같은 성을 선택해야만 하는데 부부가 다른 성을 선택할 수는 없다. 이것은 성을 바꿔야 하는 여성에 있어서 큰 문제가 되는 경우가 있다. 이 민법규정이 바뀌지 않는 배경에는 부부동성제도를 지키려는 사람들의 끈질긴 반대가 있다.

　부부동성론자는 먼저 부부별성으로 말미암아 가족의 일체감이 약해진다고 주장한다. 이것은 얼핏 정당한 주장처럼 보인다. 그러나 부부별성제도를 도입한 나라가 부부의 이혼율이 반드시 높다고 할 수 없다는 것에서 알 수 있듯이 부부별성인 것과 가족의 결속이 약하다는 것은 관계가 없다고 생각할 수 있다.

　부부동성제도는 남자의 성, 여자의 성, 어느 쪽을 선택해도 되고, 반드시 남자의 성을 선택해야만 하는 것은 아니라고 말하기도 한다. 확실히 이론상으로는 그렇다. 하지만 현실의 일본사회를 보면 98%의 부부가 남자의 성을 선택하고 있다. 이것은 사실으로서 불평등하다고 말하지 않을 수 없다.

　게다가 성이 바뀌었다고 해서 인격이 바뀌는 것은 아니라는 주장도 있다. 그러나 태어났을 때부터 같이 걸어 온 이름을 바꿔야 하는 고통은 이름을 바꾼 경험이 없는 사람으로서는 이해할 수 없을 것이다. 지금까지 살아 온 인생이 부정당하는 듯한 마음까지 드는 정체성의 문제인 것이다.

　동시에 성을 바꿈으로써 지금까지 쌓아 온 커리어를 잃어버릴 우려도 있다. 게다가 결혼해서 성을 바꾸고, 이혼해서 다시 옛날 성으로 돌아간다면 성이 변경됨으로서 개인 사생활을 두 번 노출하는 꼴이 된다. 별성을 선택할 수 있다면 이런 문제는 해소될 것이다.

　물론 전통적인 가치관을 중시하는 사람이나 가족의 일체감을 위해 이름을 바꾸고 싶다는 사람이 있어도 좋다. 그러나 그것은 결혼할 때 동성인지 별성인지를 선택할 수 있는 선택적 부부별성제도를 도입하면 되는 문제이다. 선택적 부부별성제도를 도입해도 성을 바꾸고 싶은 사람에게 큰 불이익을 주는 일은 없다고 생각된다.

(1) 이 글을 필자와 대립하는 입장의 문장, 필자자신의 입장을 나타내는 문장으로 나누어 그것을 두 가지 색의 펜으로 나누어 칠해 보시오.

筆者と対立する立場の文

　夫婦同姓論者は、まず夫婦別姓によって家族の一体感が弱まると主張する。
　夫婦同姓制度は、男性の姓、女性の姓、いずれを選んでもよいものであり、必ずしも男性の姓を選ばなければならないわけではないと言われることもある。
　さらに、名字が変わったからといって、人格が変わるわけではないという主張もある。
　もちろん、伝統的な価値観を重視する人や、家族の一体感を求めて名前を変えたいという人がいてもよい。

筆者自身の立場の文

　しかし、夫婦別姓制度を取る国が必ずしも夫婦の離婚率が高いとは限らないということからわかるように、夫婦別姓であることと家族の結びつきが弱いこととは無関係であると考えられる。

　だが、現実の日本社会を見ると、98％の夫婦が男性の姓を選んでいる。これは、事実として不平等であると言わざるをえない。

　しかし、生まれたときから共に歩んできた名前を変えなければならない苦痛は、名前を変えた経験のない人には理解できないものである。これまで生きてきた人生が否定されるような気にさえなるアイデンティティの問題なのである。

　同時に、名字を変えることで、これまで築いてきたキャリアを失うおそれもある。さらに、結婚して姓を変え、離婚して姓を戻すということになると、姓の変更によって、個人のプライバシーを二度さらすことになるのである。別姓が選択できれば、このような問題は解消されるはずである。

　しかし、これは、結婚するさいに同姓か別姓かを選べる選択的夫婦別姓制度を取り入れればよいのである。選択的夫婦別姓制度を導入しても、姓を変えたいという人に大きな不利益を及ぼすことはないと思われる。

（2）양보를 나타내는 말, 역접을 나타내는 말에 어떤 것이 있는가? 이 글에서 찾아 보시오.

譲歩のことば：「一見〜に思える」「〜と言われることもある」

「確かに理屈のうえではその通りである」「〜という主張もある」

「もちろん〜という人がいてもよい」

逆接のことば：「しかし」「だが」

（3）이 글을 200자 정도로 요약하시오.

　日本の民法の夫婦同姓制度を変えるべきである。同姓論者は、別姓によって家族の一体感が弱まると言うが、別姓制度の国の離婚率が高いとは限らない。また、男性の姓を選ぶ必要はないとも言うが、現実には98％の夫婦が男性の姓を選んでいる。さらに、姓が変わっても人格は変わらないとも言われるが、実際には、姓の変更で女性のアイデンティティやキャリア、プライバシーが侵害される。せめて、両者の立場を尊重する選択的夫婦別姓制度を導入すべきである。

（　国際関係におけるNGOの意義　）

　近年、特に1990年代以降、国境を超えて活動するNGOの役割が拡大している。具体的には、緊急食糧援助、開発、人権、環境など、さまざまな分野でNGOの台頭が目立っている。NGOの役割の拡大は、人命や個人の権利を守るという人道的見地から見て重要であるだけでなく、国際関係を考える上でも意義のあることである。

　このようにNGOの役割が拡大しているのは、NGOが国際制度の成立を促したり、NGO自体が国際制度に入り込んだりすることによって国家間の関係を動かしているからである。この背景には、1990年代以降、NGOのネットワーク化が進んだことによって、NGO側が政府や国際組織と対等に交渉するだけの能力を身に付けたことがある。例えば、1,000以上のNGOが集まってできたネットワークである地雷禁止国際キャンペーン（ICBL）は、カナダ政府などに働きかけて、対人地雷禁止条約という国家間の取り決めを成立させた。そして、このICBLは、1999年に条約が発効されたあとも、各国や各地域の地雷廃棄の状況についてモニターを続けている。この例のように、NGOがネットワーク化され、政府の行動や国家間の関係を変化させることを地球市民社会の成立過程とみる論者もいる。

　しかし、NGOの役割が拡大したことをどのように評価するかは難しい。NGOはプラスの効果だけをわれわれにもたらすとは限らないからだ。現在、NGOが抱えている問題点は、大きく分けて四つある。

　まず、NGOは誰を代表しているのかという代表性の問題がある。NGOは国会議員のように民主的選挙で選ばれるわけではない。したがって、市民に広く支持されたNGOが役割を拡大するとは限らないのである。その意味でNGOは市民社会の意思を反映しているとは必ずしもいえない。また、NGOも自らの活動の結果に対して責任を求められるという責任性の問題がある。NGOは事業に失敗することもある。その場合、誰に対して、どのような責任をとるのかが課題とされている。さらに、資金面で政府に依存する中で、NGOはどのように政府からの自立を保持していくかという自立性の問題がある。資金面で政府に過度に依存するようなNGOは準政府組織（QUANGOと呼ぶ）であるという指摘もある。そして、NGOは国内政治にどこまで関与できるかという政治性の問題がある。NGOが国内の政策変更を求める場合、政党など特定の政治勢力の利益を代弁しないように注意する必要がある。

　NGOは、撃てば必ず成果があがる「魔法の銃弾」ではない。国際関係を考える上でも、以上のような問題点を認識しつつ、NGOの役割に注目する必要がある。

(국제관계에서의 NGO의 의의)

근래 특히 1990년대 이후, 국경을 초월해서 활동하는 NGO의 역할이 확대되고 있다. 구체적으로는 긴급 식량원조, 개발, 인권, 환경 등 다양한 분야에서 NGO의 활약이 두드러지고 있다.

NGO의 역할의 확대는 인명이나 개인의 권리를 지킨다는 인도적 견지에서 봐서 중요할 뿐만 아니라 국제관계에 있어서도 의미 있는 일이다.

이처럼 NGO역할이 확대되고 있는 것은 NGO가 국제제도의 성립을 촉구한다든지, NGO자체가 국제제도에 간섭함으로써 국가간의 관계를 움직이고 있기 때문이다. 이 배경에는 1990년대 이후 NGO의 네트워크화가 진행됨으로써 NGO측이 정부나 국제조직과 대등하게 교섭할 수 있을 만큼의 능력을 키운 것에 있다. 예를 들어, 1000이상의 NGO가 모여 만들어진 네트워크인 지뢰금지국제캠페인(ICBL)은 캐나다 정부 등에 호소하여 대인지뢰금지조약이라는 국가간의 협정을 성립시켰다. 그리고 이 ICBL은 1999년에 조약이 발효된 후에도 각국이나 각 지역의 지뢰폐기 상황에 대해서 모니터를 계속하고 있다. 이러한 예처럼 NGO가 네트워크화 되어 정부의 행동이나 국가간의 관계를 변화시키는 것을 지구시민사회의 성립과정으로 보는 논객도 있다.

그러나 NGO의 역할이 확대된 것을 어떻게 평가하는가는 어려운 문제다. NGO는 우리들에게 긍정적인 효과만 가져다 준다고는 할 수 없다. 현재 NGO가 안고 있는 문제점은 크게 나눠서 네 가지이다.

먼저 NGO는 누구를 대표하고 있는가 하는 대표성의 문제가 있다. NGO는 국회의원 같이 민주적 선거로 선출되는 것은 아니다. 따라서 시민에게 폭 넓게 지지 받은 NGO가 역할을 확대한다고는 할 수 없다. 그런 의미에서 NGO는 시민사회의 의사를 반드시 반영하고 있다고는 말할 수 없다. 또한 NGO도 자체활동의 결과에 대해 책임을 묻는 책임성의 문제이다. NGO는 사업에 실패하는 경우도 있다. 그 경우 누구에게, 어떻게 책임을 물을 것인가가 과제이다. 게다가 자금면에서 정부에 의존하고 있는 가운데 NGO는 어떻게 정부로부터 자립을 유지해 갈 것인가 라는 자립성의 문제가 있다. 자금면에서 정부에 과도하게 의존하는 것 같은 NGO는 준정부조직(QUANGO라고 부름)이라는 지적도 있다. 그리고 NGO는 국내정치에 어디까지 관여할 수 있는가 하는 정치성의 문제가 있다. NGO가 국내 정책변경을 요구할 경우, 정당 등 특정 정치세력의 이익을 대변하지 않도록 주의할 필요가 있다.

NGO는 쏘면 반드시 성과를 내는 '마법의 총탄'이 아니다. 국제관계를 생각함에 있어서 이상과 같은 문제점을 인식하면서 NGO역할에 주목할 필요가 있다.

(1) 어떤 문장을 그 뒷문장에서 자세하게 설명할 것을 예고하는 말을 본문 중에서 세 개 골라 보시
오.

「具体的_{ぐたいてき}には」「例_{たと}えば」「（問題点_{もんだいてん}は大_{おお}きく分_わけて）四_{よっ}つある」

(2) 밑줄 친 「現在_{げんざい}、NGOが抱_{かか}えている問題点_{もんだいてん}」네 가지를 들어보시오. 또, 그 네가지 문제점을
들 때, 어떤 단어가 각각 시작 부분에 쓰이고 있는지 지적하시오.

「代表性_{だいひょうせい}の問題_{もんだい} 대표성의 문제」「責任性_{せきにんせい}の問題_{もんだい} 책임성의 문제」「自立性_{じりつせい}の問題_{もんだい} 자립성의 문제」
「政治性_{せいじせい}の問題_{もんだい} 정치성의 문제」

「まず 먼저」「また 또한」「さらに 게다가」「そして 그리고」

(1) ① 第一_{だいいち}に　② 第二_{だいに}に　③ 第三_{だいさん}に

(2) ① まず　② 次_{つぎ}に／それから／また　③ そして／さらに

(3) ① まず／最初_{さいしょ}に　② 次_{つぎ}に／続_{つづ}いて／次_ついで　③ そして

(4) ① 次_{つぎ}に／続_{つづ}いて／次_ついで　② さらに／そして

136

（ IT革命が企業を変える ）

日本ではこの10年で、インターネット、携帯電話が急速に普及した。当初、日本はIT分野でアメリカに大きく遅れていたが、1999年に世界で最初に携帯電話からインターネットに接続できるサービス（iモード）を始めた。今では、電車の中などで、携帯電話を使ってインターネットにアクセスしたりテレビを見たりしている若者をふつうに見かけるようになった。IT、すなわちinformation technology（情報技術）革命が現在でも進行中である。<u>IT革命によって、日本の企業はどのように変化していくのだろうか。</u>

まず、問屋や代理店などの中間業者を通さない直接取引の形態が増える。インターネットを利用した商取引をeコマースと呼ぶ。eコマースには、B to B（Business to Business）、B to C(Business to Consumer）の2つの形がある。B to Bは企業どうしの取引であり、例えば、自動車部品メーカーが自動車メーカーに部品を売る場合がこれに当たる。一方、B to Cは企業が消費者に商品やサービスを売ることである。また、近年C to C（Consumer to Consumer）、つまり消費者同士の取引も、オークションのサイトや個人のホームページなどを利用してさかんに行われるようになった。

次に、ベンチャー・ビジネスの生まれやすい環境になる。最近定着した言葉にSOHOがある。Small Office Home Officeの略であり、アメリカでは約4200万人がSOHOで働いていると言われている。パソコンの普及、インターネット社会の進展によって、日本でもSOHOでベンチャー・ビジネスを始めることが、以前より容易になった。

さらに、大企業も組織の変革を求められることになる。以前の大企業のような中央集権型の企業組織では、何かを決めるために長い時間がかかっていた。しかし、社会のIT化によって情報の共有化が進むようになると、大企業が情報を占有できていた時代とは違い、情報は新しいうちに利用しなければ価値が減ってしまう。そのため、短い時間で意志決定をする必要が生まれ、自社では時間やコストがかかりすぎる部門を外部委託（アウトソーシング）するなどの改革も進められるようになった。つまり、中央集権型の組織から分散型の組織への移行が起きているのである。

IT社会を生き抜くために、企業も個人も新しい戦略と創造性が求められている時代であると言えるだろう。

(IT혁명이 기업을 바꾼다)

일본에서는 요 10년 사이에 인터넷, 휴대전화가 급속하게 보급되었다. 당초 일본은 IT분야에서 미국에 크게 뒤져있었지만, 1999년에 세계에서 최초로 휴대전화에서 인터넷으로 접속할 수 있는 서비스(i모드)를 시작했다. 지금은 전철안 등에서 휴대전화를 이용해서 인터넷에 액세스한다든지 텔레비전을 본다든지 하는 젊은이를 흔하게 볼 수 있다. IT 즉 information technology(정보기술)혁명이 지금도 진행 중이다. <u>IT혁명으로 일본기업은 어떻게 변화해 나갈 것인가?</u>

먼저 도매상이나 대리점 등의 중간업자를 통하지 않고 직접거래의 형태가 늘어난다. 인터넷을 이용한 상거래를 e커머스라고 부른다. e커머스에는 B to B (Business to Business), B to C(Business to Consumer) 해서 두 가지의 형태가 있다. B to B는 기업끼리의 거래이며, 예를 들어 자동차부품 제조회사가 자동차제조회사에 부품을 파는 경우가 여기에 해당한다. 한편 B to C는 기업이 소비자에게 상품이나 서비스를 파는 것이다. 또한 근래에는 C to C(Consumer to Consumer), 즉 소비자끼리의 거래도 옥션 사이트나 개인 홈페이지 등을 이용해서 활발히 행해지게 되었다.

다음으로, 벤처 비즈니스가 생겨나기 쉬운 환경이 된다. 최근 정착된 말로 SOHO 라는 것이 있다. Small Office Home Office의 약자로 미국에서는 약 4200만명이 SOHO에서 일하고 있다고 한다. 컴퓨터 보급, 인터넷 회사의 발전으로 일본에서도 SOHO에서 벤처 비즈니스를 시작하는 것이 이전 보다 용이해졌다.

게다가 대기업도 조직의 변혁이 요구되게 되었다. 이전의 대기업처럼 중앙집권형의 기업조직에서는 어떤 일을 결정하기 위해서는 긴 시간이 걸렸었다. 그러나 사회의 IT화에 따라 정보공유화가 진행되게 되자 대기업이 정보를 점유할 수 있었던 시대와는 달리, 정보는 오래되기 전에 이용하지 않으면 가치가 줄어버린다. 그 때문에 짧은 시간으로 의사결정을 할 필요가 생기고, 자사에서는 시간이나 생산비가 너무 많이 들어가는 부문을 외부위탁(아웃 소싱)하는 등의 개혁도 진전되게 되었다. 다시 말하면 중앙집권형 조직에서 분산형 조직으로의 이행이 일어나고 있는 것이다.

IT사회를 살아가기 위해서는 기업도 개인도 새로운 전략과 창조성이 요구되는 시대라고 말할 수 있을 것이다.

(1) 밑줄 친 「変化」는 몇 가지 있는가?

三つ

(2) 각각의 「変化」의 내용을 간결하게 서술하시오.

① インターネットを使った商取引、とくに消費者を含む直接取引が増える。

② SOHOによるベンチャー・ビジネスが生まれやすい環境になる。

③ 時間やコストがかかる部門を外部委託することで、企業が分散型の組織に移行する。

（3）이 글을 200자 정도로 요약하시오.

IT革命によって、日本の企業はどのように変化するだろうか。主な変化は三つ挙げられる。まず、問屋や代理店などの中間業者を通さない直接取引の形態が増えること。次に、SOHOの普及によって、ベンチャー・ビジネスの生まれやすい環境になること。第三に、時間やコストがかかる部門を外部委託にすることで、企業組織が中央集権型から分散型へ移行すること。このように、IT社会を生き抜くため、新しい戦略と創造性が今企業に求められている。

일본어 독해 7대 전략

초판인쇄_ 2013년 10월 5일
초판발행_ 2013년 10월 10일
저자_ 히토츠바시 유학생센터
펴낸이_ 엄호열
편집장_ 민준홍
책임편집_ 강희경 · 中原美菜子
표지디자인_ 서동화
펴낸곳_ (주)시사일본어사
등록일자_ 1977년 12월 24일
등록번호_ 제300 - 1977 - 31호
주소_ 서울시 강남구 테헤란로 4길 28
전화_ 1588-1582(교재구입문의) / 02)764-1582(교재내용문의)
팩스_ 02)3671-0500
홈페이지_ http://book.japansisa.com
이메일_ sisa_book@naver.com

ISBN 978-89-402-9133-7 18730

©2005 Center for Student Exchange, Hitotsubashi University
PUBLISHED WITH KIND PERMISSION OF 3A CORPORATION, TOKYO, JAPAN

* 이 교재의 내용을 사전 허가없이 전재하거나 복제할 경우 법적인 제재를 받게 됨을 알려 드립니다.
* 잘못된 책은 구입하신 서점이나 본사에서 교환해 드립니다.
* 정가는 표지에 표시되어 있습니다.

▶本書籍の大韓民国国外での使用及び販売を禁止します。
 본 서적을 대한민국 국외에서의 사용 및 판매를 금지합니다.